KB162273

행복해야
인생이다

행복한 삶을 위한 인생 레시피

# 행복해야
# 인생이다

이주일 지음

호이테북스
today

## contents

인간관계가 행복을 더욱 키운다

 도전이 행복을 개척한다

**8장** 시간관리는 삶을 더욱 가치 있게 해준다

 **9장** 이미지를 바꾸면 행복이 찾아온다

**10장** 건강이 행복을 오래가게 한다

# 행복한 사람들이
# 많아지는 세상을 위하여

　현대의 많은 사람들은 각각 다른 생활 모습으로 다른 가치관과 다른 생각을 가지고 살아간다. 다만 한 가지 공통점이 있다면 모두 인생의 궁극적인 목적으로 '행복'을 원하고 있다는 것이다. 행복에 대한 관심은 인류 역사의 시작부터 인류가 멸망하기까지 최고의 목표가 될 수밖에 없을 것이다. 이를 반영하듯 수많은 책에서도 행복을 기술하고 있다. 그러나 행복이라는 단어에 대한 정의도 사람마다 다르고, 행복해지기 위해서 어떻게 해야 하느냐에 대해서도 가치관에 따라 천차만별하다. 이는 기본적으로 '행복'이 눈으로 확인할 수 없는, 즉 실체를 갖지 않는 형이상학적이고 감성적인 단어이기 때문일 것이다.

지금까지 인간은 행복이 누구에게나 바람직하고, 추구할 만한 가치가 있으며, 궁극적인 목적인 까닭에 그 본질과 가치를 추구하고 탐구하기 위해 노력해 왔다. 현대는 과거에 비해 기술문명이 발달하고 물질적인 풍요를 누리고 있지만, 그럼에도 불구하고 행복에 대한 관심은 여전히 높다.

현대의 행복 개념은 고대 그리스의 철학자 소크라테스, 플라톤, 아리스토텔레스와 같은 사상가의 영향을 받아왔다. 그들은 인간이 추구해야 할 궁극적인 목적을 행복으로 여겼다. 그리고 그 목적을 달성하기 위해서는 도덕성이 요구되었다. 일반적으로 많은 사람들은 행복을 성취감 또는 만족감으로 이해하고 있다.

이 책에서 필자는 나름대로 '행복'에 대한 정의를 내리고, 현대사회에서 행복한 삶을 살기 위한 조건과 행복에 이르는 방법을 논의하려고 한다. 이를 위해 '1장 행복이란 무엇인가?'에서는 행복의 정의와 행복한 나라의 형태와 행복의 조건을 다루었다. 뒤를 이어 2장에서는 부, 3장에서는 긍정적인 생각, 4장에서는 비전, 5장에서는 수다, 6장에서는 인간관계, 7장에서는 도전, 8장에서는 시간관리, 9장에서는 이미지, 10장에서는 건강으로 행복의 조건을 구체적으로 나누어 다루었다.

부디 이 책을 통해 독자들이 행복에 대한 의미를 깨닫고 행복해

지기 위한 조건을 실천하여 모든 사람이 행복한 세상이 되었으면
하는 바람이다.

온양 서재에서

저자 이주일

행복이란 무엇인가?

## 행복은 인생의 궁극적인 목적지다

많은 사람들이 세상을 살아가고 있다. '왜 세상을 사느냐?'고 묻는다면 대부분의 사람들은 행복을 찾기 위해서라고 답할 것이다. 사람이라면 누구나 행복한 삶을 원한다. 그렇다면 과연 어떻게 사는 것이 행복하게 사는 것일까?

행복을 사전에서 찾아보면 '생활에서 충분한 만족과 기쁨을 느끼어 흐뭇함'이라고 되어 있다. '행복'은 만족이나 기쁨을 나타내는 심리 상태를 뜻한다. 행복은 구체적인 것이 아니라 형이상학적인 것이다. 이 때문에 사람들은 행복하게 살고 싶다고 말하면서도 각자가 원하는 행복의 형태는 다르다.

행복은 인간의 정서적인 측면에서 오는 것이다. 오늘날 우리가 저마다 느끼는 행복은 근대 이후에 일반화된 주관적 감정이라고 보는 것이 타당하다. 다시 말해 개개인이 자신의 삶의 경험과 일상생활에서 행복감을 찾으려는 경향은 인간 본능의 표현이라 할 수 있다. 따라서 행복의 정확한 의미를 알기 위해서는 인간의 감성구조를 철학 및 심리학적으로 이해할 수 있어야 한다.

사람들이 원하는 행복의 의미나 행복한 조건이 사람에 따라 각각 다르기 때문이다. 즉, 사람들이 바라는 행복한 삶의 모습이 같지 않다는 말이다.

행복의 주체에서 보면 자신이 행복하길 원하는 사람이 있는가 하면, 자신의 행복보다는 자신의 가족이나 지인이 행복하면 자신은 행복하다는 사람도 있다. 행복의 조건이 부, 명예, 권력, 존경, 가족, 친구, 사랑, 도전, 여행, 쾌락, 식도락, 건강, 잠, 만족, 봉사, 공유 등이라고 생각하는 사람들도 있다. 행복의 조건은 여러 가지가 합쳐지기도 하고, 한 가지 조건만 충족되면 다른 조건들을 무시하는 사람도 있다. 그렇다고 해서 많은 사람에게 어느 정도 공통되는 행복의 조건이 없는 것은 아니다.

행복은 사람마다 자신이 가지고 있는 가치관에 만족하는 삶을 살 때 흐뭇하게 느끼는 것이다. 어떤 사람은 돈을 많이 벌어 풍족하게 살고 싶어 하고, 어떤 사람은 큰 권력을 가지고 싶어 하고, 다른 사람은 뛰어난 학문적 업적을 쌓아 명예를 얻고 싶어 한다. 그럼에도 불구하고 얼마만큼의 물질적 충족과 자유로운 활동이나 정신적 안락은 행복의 기본이 된다.

그러나 행복은 객관적인 조건보다는 주관적인 마음의 상태에 의해 좌우된다. 비슷한 조건과 상황에 있을지라도 행복을 느끼는 정도가 얼마든지 다를 수 있다. 이러한 차이는 곧 행복을 보는 시각의 차이라고 할 수 있다. 우리는 바람직한 관점에서 행복한 삶의 조건을 찾고, 그것을 이루는 데 힘쓰는 것이 중요하다.

우리의 행복은 결국 자기가 생각한 대로 되게 마련이다. 따라서 우리가 무엇을 믿고 어떤 생각을 갖고 사느냐는 매우 중요하다. 아름다움과 희망, 격려, 용기, 열의를 불러일으키는 메시지를 계속적으로 불어넣어 회의, 절망, 낙심, 의심이 들어찰 공간이 없도록 우리의 마음을 가득 채워야만 한다. 이것이 우리의 생활을 분명 풍요롭고 행복하게 만들어 줄 것이기 때문이다.

# 세계에서 가장 행복한 나라

세계에서 가장 행복지수가 높은 나라는 어디일까? 2016년에 유엔(SDSN)이 발표한 '2016년 세계 행복 보고서'에 따르면 덴마크가 1위를 차지했다. 덴마크는 1년 중 6개월 동안 비가 내린다. 겨울에는 하루 4시간밖에 해를 볼 수 없다. 환경 조건으로 보면 우울증에 걸리기 쉬운 나라다.

1위 덴마크를 선두로 하여 노르웨이, 스위스, 네델란드, 스웨덴 등 주로 북유럽국가들이 상위권을 차지했다. 이는 태어나서 죽을 때까지 복지를 구현하는 나라라는 공통점이 있다. 또한 공통적으로 높은 소득과 서로에 대한 신뢰가 매우 높고 넘치는 자유가 있다는 특징도 지니고 있다. 즉 심리적 자유와 타인에 대한 애정을 기대할 수 있다는 것이다. 결국 행복의 중요한 요소로 신뢰가 매우 중요하다는 것을 알 수 있다.

사회적으로 만연한 불신 역시 한국에서의 삶을 불행하게 만드는 요소 중 하나다. 한국인은 그 어느 나라보다 '돈'을 중시한다. 돈을 중요하게 생각하기 때문에 다른 것은 중요하지 않으며, 특히 타인에 대한 신뢰도 수준이 낮기 때문에 행복지수는 전 세계적으로

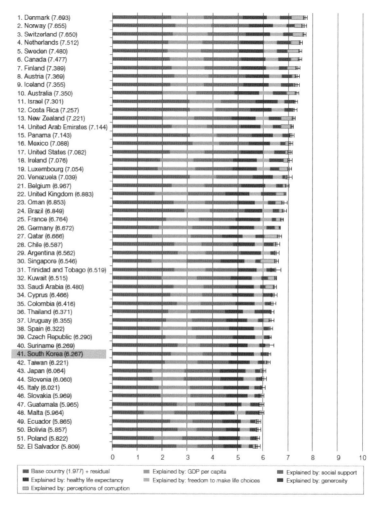

1. Denmark (7.693)
2. Norway (7.655)
3. Switzerland (7.650)
4. Netherlands (7.512)
5. Sweden (7.480)
6. Canada (7.477)
7. Finland (7.389)
8. Austria (7.369)
9. Iceland (7.355)
10. Australia (7.350)
11. Israel (7.301)
12. Costa Rica (7.257)
13. New Zealand (7.221)
14. United Arab Emirates (7.144)
15. Panama (7.143)
16. Mexico (7.088)
17. United States (7.082)
18. Ireland (7.076)
19. Luxembourg (7.054)
20. Venezuela (7.039)
21. Belgium (6.967)
22. United Kingdom (6.883)
23. Oman (6.853)
24. Brazil (6.849)
25. France (6.764)
26. Germany (6.672)
27. Qatar (6.666)
28. Chile (6.587)
29. Argentina (6.562)
30. Singapore (6.546)
31. Trinidad and Tobago (6.519)
32. Kuwait (6.515)
33. Saudi Arabia (6.480)
34. Cyprus (6.466)
35. Colombia (6.416)
36. Thailand (6.371)
37. Uruguay (6.355)
38. Spain (6.322)
39. Czech Republic (6.290)
40. Suriname (6.269)
41. South Korea (6.267)
42. Taiwan (6.221)
43. Japan (6.064)
44. Slovenia (6.060)
45. Italy (6.021)
46. Slovakia (5.969)
47. Guatemala (5.965)
48. Malta (5.964)
49. Ecuador (5.865)
50. Bolivia (5.857)
51. Poland (5.822)
52. El Salvador (5.809)

0 1 2 3 4 5 6 7 8 9 10

- Base country (1.977) + residual
- Explained by: GDP per capita
- Explained by: social support
- Explained by: healthy life expectancy
- Explained by: freedom to make life choices
- Explained by: generosity
- Explained by: perceptions of corruption

- 자료참조 : http://unsdsn.org/resources/publications/world-happiness-report-2013/

41위에 머물고 있다.

부가 행복을 가져올 것이라고 생각하는가? 정작 엄청난 부를 가진 아랍의 산유국들은 경제적인 부유함에도 불구하고 행복지수는 최하위권에 머물렀다. 이를 보면 행복의 중요한 요소에는 돈이 절대적이지 않다는 것을 알 수 있다.

세상에서 가장 행복한 사람들은 세계에서 가장 못사는 나라인 부탄 국민들이라고 한다. 무려 97%가 자신의 삶을 행복하다고 느끼고 있다고 한다. 실제로 부탄은 2006년 《비즈니스 위크(Business Week)》의 국민행복지수 조사에서 아시아 국가 중 1위, 전 세계 국가 중 8위를 차지했다. 부탄은 국민소득이 2천 달러에도 못 미치는 나라지만 국민들의 행복에 대한 만족지수는 세계 최고 수준이다.

부탄이 행복한 나라가 된 것은 1972년 부탄의 제4대 국왕인 지그메 싱기에 왕추크(Jigme Singye Wangchuck)가 국민행복지수(GNH) 개념을 제안하면서부터다. 국민행복지수는 경제 발전은 불교적 전통문화에 기초하여 국민의 삶의 질과 행복감을 높일 수 있는 방향으로 추진되어야 한다는 취지에서, 경제적 발전만을 평가하는 국내총생산(GDP)을 대체하기 위해 고안된 개념이다.

부탄 정부는 국민행복지수를 계량적으로 측정할 수 있는 방법을 개발했고, 제5대 왕인 지그메 케사르 남기엘 왕추크(Jigme Khesar

Namgyel Wangchuck)가 즉위한 이후 2008년 11월 국민행복지수를 국가 정책의 기본 틀로 채택했다. 부탄은 국민들이 행복한 나라를 만들기 위해서 정부가 새로운 정책을 시행하려면 선진국의 환경영향평가와 비슷하게 국민행복지수 영향 평가를 거쳐서 국민들이 선택을 해야만 정책으로 자리를 잡을 수 있다. 국민들의 행복에 반하는 정책은 시행하지 않는다는 것이다. 예를 들어 누구나 기뻐하고 설레는 첫눈이 내리면 이를 기념하기 위해 정부는 공휴일로 지정한다고 한다. 소득 수준이 현저히 낮아도 삶 자체에 행복을 느끼며 살아가는 부탄 사람들에게서 우리는 행복의 조건을 배울 필요가 있다.

## 행복의 조건

행복의 조건을 분석해보면 시대에 따라 만족을 주는 내용이 다르다. 어쨌든 행복은 개인이 경험하는 주관적 정서라고 할 수 있다. 아리스토텔레스는 행복을 "인간의 모든 행위가 목적으로 삼는 것, 즉 인간의 목표이다."라고 했다. 즉 사람이 먹고, 마시고, 일하고, 휴식하고, 사랑하고, 희망하고, 생각하고, 신앙하는 모든 인간적 행위가 그 무언가를 성취하기 위한 행위라면, 여기서 성취하고자 하는 그 무엇에 해당하는 것이 인간의 궁극적 행복이라고 말한 것이다. 이것을 다시 역으로 생각해보면, 행위 하나하나의 연속이 바로 우리의 삶이므로, 결국 이렇게 행위하고 살아가는 이유가 바로 행복이라는 뜻이다.

고대 그리스의 철학자 플라톤은 행복의 조건을 5가지로 제안했다. 먹고 입고 살기에 조금은 부족한 듯한 재산, 모든 사람이 칭찬하기에 약간 부족한 외모, 자신이 생각하는 것의 반밖에 인정받지 못하는 명예, 남과 겨루어 한 사람은 이겨도 두 사람에게는 질 정도의 체력, 연설했을 때 듣는 사람의 반 정도만 박수를 치는 말솜씨가 그것이다. 즉, 행복의 조건을 부족함에서 찾고 있다.

2002년 프랑스에서 행복의 조건에 대한 여론조사를 실시한 적이 있다. 조사 결과 1위는 '다른 사람을 행복하게 만드는 것'이었고, 4위는 '자연과 더불어 조화롭게 살며 자신을 알아가는 것'으로 나타났다.

부탄이 만든 국민행복지수의 4대 축은 다음과 같다. 평등하고 지속적인 사회경제 발전, 전통가치의 보존 및 발전, 자연환경의 보존, 올바른 통치구조가 그것이다. 우리가 생각하는 세속적인 행복의 조건보다는 국가의 운영이 국민의 행복에 기여하는 바가 크다는 것을 의미한다.

유엔(SDSN)이 고려하는 행복의 조건은 국민총생산(GDP), 건강 기대 수명, 사회적 지원, 삶을 선택하는 자유, 관대함 등으로 되어 있다.

서울대학교 행복연구소 소장인 최인철 교수는 행복의 조건을 특이하게 분석했다. 행복의 척도가 되는 즐거움과 의미라는 두 가지 요소를 가지고 사람의 일상생활을 측정하여 그래프화했다. 행복의 요소 중에서 가장 즐겁고 의미 있는 것은 '여행(Travel)'이었다. 그리고 수다와 같은 대화, 사회적 관계를 갖는 것, 산책과 같은 걷기(Walk)나 운동, 먹는 것도 만만치 않은 행복감을 주었다. 슬프게도 아이 돌보기(Care for child), 음주(Drinking), SNS, 잠 등은 행복에 필요한 조건이기는 하지만 즐거움이나 의미가 낮았다.

우리 삶에는 크게 두 개의 공간이 있다. 가정과 일터이다. 삶이 보다 풍요롭고 행복해지려면 우리의 공간을 점검한 후 제3의 공간을 만들어야 한다. 제3의 공간은 다음과 같이 몇 가지 조건이 부합해야 한다.


1. 격식, 서열이 없는 곳

2. 소박한 곳

3. 수다가 있는 곳

4. 출입의 자유가 있는 곳

5. 음식이 있는 곳


여행의 걷기를 제외한 '놀기, 말하기, 먹기'가 가능한 공간인 것
이다.

행복은 부에서 비롯되는가?

## 돈은 행복의 중요한 요소지만 절대적이지 않다

최근 들어 행복은 돈에서 비롯되는 것처럼 보인다. 돈이 있으면 행복할 수 있는 조건들을 구매할 수 있기 때문이다. 인간의 행복 중에서 가장 쉽게 얻을 수 있는 것은 돈이다. 돈은 인간을 편하게 만들어 준다. 그러나 돈을 쓰기 위해서는 돈을 벌어야 한다. 사람이 돈을 벌려는 것은 결국 그 돈으로 다른 무엇을 사거나 하기 위해서다. 결국 돈은 행복을 위해 필요한 것을 사기 위한 수단일 뿐 최종적인 목적은 될 수 없다.

갤럽이 2006년에 실시한 세계적인 조사에서는 평균 수입이 높을수록 대체로 생활에 대한 만족도가 높은 것으로 나타났다. 국가 간의 비교뿐만 아니라 한 국가 안에서도 수입에 따라서 만족도는 비례해서 올라갔고, 중산층 이상을 비교해 봐도 수입이 올라갈수록 자기 인생에 대해 만족하는 경향이 높게 나타났다. 그렇게 보면 1인당 GDP와 삶에 대한 만족도는 비례 관계가 있음을 알 수 있다.

하지만 정작 GDP가 연간 8,000달러를 넘어가면 만족도와 수입은 관계가 없어진다는 결과도 나왔다. 실제로 가장 행복지수가 높은 부탄이나 삶의 만족도가 높은 방글라데시 같은 나라들을 보면

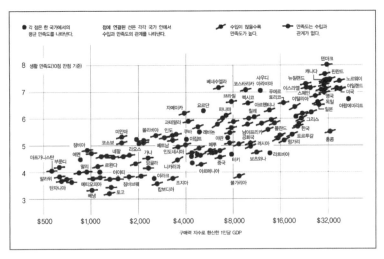

- 출처 : 《인간의 모든 감정》, 최현석, 2011, 서해문집

경제적으로는 어려워도 행복도나 만족도가 높은 것을 알 수 있다. 따라서 행복을 위해 돈은 필요하지만 꼭 절대적이 아니라는 데서 행복의 정도를 수치화하여 경제적인 수준과의 관련성을 살펴보는 연구는 객관화하기가 어렵다.

그럼에도 불구하고 돈은 행복의 절대적인 요소라고 말할 수는 없지만 행복에 중요한 요소임에는 분명하다. 돈이 많으면 그만큼 행복에 필요한 요소들을 구매할 수 있기 때문이다. 그래서 사람들은 인생의 목표를 설정할 때 돈을 많이 버는 것이 중요한 목표가 될 때가 많다. 그래서 가끔 뜻하지 않은 수입이 들어오면 횡재했다거나 행운이 왔다고도 표현한다. 실제로 도박장에서 돈을 따거나 복권이 당첨이 되었을 때 운이 좋다고 하거나 행복하다는 표현을 쓰기도 한다.

심지어는 돈만 가지면 못 할 일이 없을 것처럼 생각하는 사람들도 있다. 돈은 권력이나 명예도 얻고, 필요한 물건을 언제든지 사서 구매의 즐거움도 누릴 수 있으며, 어려운 사람들을 도와 보람을 느끼게도 해 준다. 심지어는 돈으로 행복을 살 수 있다고 생각하는 사람도 있다. 돈이 없으면 살 수 있는 것이 부족할 뿐만 아니라 생활이 어려워져 가족 간에도 갈등이 생기고, 인생이 불행해지는 경우도 많다고 생각하는 것이다.

# 돈은 얼마나 가져야 하는가?

인생을 살면서 얼마를 가져야 행복한지에 대해서는 쉽게 정의 내리기가 어렵다. 돈에 대한 만족도는 사람마다 다르기 때문이다. 실제로 돈은 많이 가진 재벌들을 생각해보라. 일반인들은 그 정도 가지고 있으면 죽을 때까지 써도 충분하니까 더 이상 안 벌어도 된다고 생각하지만 가진 사람들일수록 더 벌려는 욕심이 많고, 심한 경우에는 돈을 벌기 위해 수단과 방법을 가리지 않는 경우도 있다. 어쩌면 이런 사람들에게는 돈을 버는 것 자체가 행복인지도 모르겠다.

자신의 환경이나 삶에 대한 만족감이 높은 경우에는 돈이 없어도 행복하기 때문에 돈에 대한 욕심을 갖지 않는 사람들도 있다. 그러나 아무리 돈이 없어도 인간이 살아가는 데 필요한 최저생계비 정도는 있어야 최소한의 의식주를 해결할 수 있다. 이처럼 돈에 대한 욕구는 사람마다 다르기 때문에 한계를 지어서 기준을 내리기가 어렵다.

분명한 것은 행복에서 돈은 중요한 요소지만 절대적이지 않다는 것이다. 돈을 가지고 있는 것만으로도 행복해하는 사람도 있지만 기본적으로는 사용할 때 진정한 행복으로 교환이 된다. 돈으로 행복의 요소들을 구매할 수 있기 때문이다. 따라서 돈을 많이 가지고 있는 것이 중요한 것이 아니라 돈을 어떻게 사용하느냐가 행복을 가져다준다고 할 수 있다.

행복은 즐거운 감정으로 순간적인 것보다는 지속적이며 길수록 더욱 만족을 느낄 수 있다. 돈을 주고 구매할 수 있는 것으로는 선물이나 음식 등과 같은 재화와 서비스, 용역 등이 있다. 재화는 물건이기 때문에 살 때는 기분이 좋지만 사고 나면 금방 그 기분을 잃어버리게 된다.

재화를 구매할 때의 쾌감은 주로 순간적으로 행복이 고취된 기분을 말한다. 음식, 섹스, 약물 등을 통해 우리 뇌에서는 신경전달물질인 도파민이 분비되는데 이를 두고 뇌의 쾌락물질이라 한다. 쾌락은 일시적으로 기분이 좋아지기 때문에 지속적인 행복을 위해서는 쾌감을 계속 유지해야 한다. 그러나 쾌감은 점점 내성이 증가하기 때문에 더 나은 쾌감을 위해서는 자극의 정도를 높이거나 새로운 자극원을 찾게 된다. 따라서 쾌감을 얻기 위해 소비하는 경우에는 오히려 욕구에 대한 근본적인 만족이 되지 않기 때문에 공허한 경우가 많다.

용역은 경험을 사는 것으로 서비스를 받거나 여행을 가는 것 등을 말한다. 용역은 사고 나서 어느 정도 시간이 지나도 추억 등으로 사람을 기쁘게 한다. 따라서 돈을 사용할 때에는 재화보다는 용역과 같이 장기적인 기쁨을 줄 수 있는 곳에 사용해야 행복감을 더욱 높일 수 있다.

## 돈을 벌고 싶으면 취업보다는 사업을 하라

온라인 취업사이트 〈사람인〉에서 직장인을 대상으로 "회사에 입사한 것을 후회한 경험이 있습니까?"라는 설문을 진행한 결과, 연령대별로 '30대(82.4%)', '20대(82.2%)', '40대(75.4%)', '50대 이상(45.4%)'의 순으로 높게 나타났다. 설문 결과를 보면 직장인 10명 중 8명은 회사에 입사한 것을 후회한 경험이 있는 것으로 조사되었다. 이를 분석해보면, 선택할 수 있는 게 많은 젊은 층일수록 입사한 것에 대하여 후회 경험이 더 많은 것으로 나타났다. 비교적 입사한 것에 대한 후회가 적은 50대 이상은 직장에 근무하는 것이 직장에 취직되어 있지 않은 층에 비하여 안정되어 있다는 안도감이 컸기 때문이라는 것으로 분석할 수 있다.

또한 입사한 것이 후회될 때가 언제인가에 대한 설문에 대해서 복수응답을 하게 했더니 '업무량에 비해 연봉이 너무 적을 때(45.7%)'를 1위로 꼽았고, '회사의 비전이 안 보일 때(44.8%)'가 근소한 차이로 그 뒤를 이었다. 다음으로 '회사 일에 치여 사생활이 없을 때(36%)', '상사·동료와 마찰이 있을 때(32.7%)', '자기계발이 안 될 때(30.9%)', '업무가 적성에 안 맞을 때(27.3%)' 등의 순이었다. 결국 회사에 입사하게 되면 절반 가까이는 연봉이 적다고 생각하거나 비전이 안 보이기 때문에 후회를 하게 된다는 것이다. 뿐만 아니라 회사 일로 인해서 사생활이 없다고 생각하고 있으며, 상사나 동료들과는 같은 목표를 향해서 일하면서 1/3이상이 갈등을 빚고 있고, 이로 인해 상당한 스트레스를 받고 있다는 것이다. 더욱이 회사에 취직한 사람 중 27.3%는 적성에 맞지 않는 일을 하면서 직장생활을 한다는 것이다.

'업무량에 비해 연봉이 너무 적을 때' 입사한 것이 후회된다는 의견이 가장 많은 것을 보면 직장에 다녀도 만족할 만큼의 보수를 받기가 어렵다는 것을 의미한다. 우리는 쉽게 회사에 다닌다는 말을 쓴다. 회사에 다닌다는 의미는 무엇일까? 그것은 나와 회사 간의 시간에 대한 계약을 이행하는 것, 즉 노동의 대가로 회사와 시간당 얼마를 주기로 하고 계약을 맺었기 때문에 회사를 다니는 것이다.

우리는 능력이 아주 탁월하다면 모르지만 그렇지 못하다면 회사에서 일방적으로 주는 급여를 받을 수밖에 없다. 회사는 보수를 무한대로 줄 수 있는 것이 아니라 자신들이 취해야 할 수익을 빼고 나머지를 계약한 만큼 지불한다. 따라서 회사원 입장에서 본다면 만족할 만큼 보수를 받기가 어렵다.

문제는 받은 월급도 모두 내 것이 아니라는 것이다. '직장인은 봉', '월급봉투는 유리지갑'이라는 말처럼 꼬박꼬박 내는 각종 세금과 준조세 성격의 비용이 먼저 지불되기 때문에 실제로 받는 보수는 매우 적게 느껴질 수밖에 없다. 뿐만 아니라 회사의 복지제도에 따라 다르지만 월급에서 교통비, 식비, 생활비, 자녀양육비 등을 제하고 나면 남는 것이 별로 없다.

실례로 월수입 200만 원인 직장인이 생활비로 100만 원을 사용하고 나머지 100만 원 정도를 저축한다고 가정할 때, 1억 원을 모으려면 무려 10년 동안 적금을 들어야 한다는 결론이 나온다. 결혼하고 아이도 갖게 되면 지출은 더욱 증가하게 된다. 물론 나이가 들수록 보수는 증가하지만 지출도 그만큼 증가하게 된다. 아이들이 학원을 다니게 되면 평균적으로 학원비나 용돈으로 1인당 월 50만 원은 들어가고, 대학을 다니게 되면 못 해도 등록금과 용돈으로 월 100만 원은 쓰게 된다. 요즘은 사립대학을 졸업하는 데 들어

가는 비용이 1억 원 정도 든다고 한다. 따라서 젊어서 열심히 벌어 놓아야 아이들 교육비를 지원할 수 있다. 거기에 자녀들이 결혼을 하게 되면 남자에게는 최소한의 독립 자금을, 여자에게는 혼수 비용을 제공해주어야 한다. 결국 벌어서 아이들 뒷바라지만으로도 부족할 수 있다.

이처럼 직장인으로서 회사를 다닌다는 것은 안정감은 줄 수 있을지 모르지만 만족할 만큼의 돈을 벌기는 사실 어렵다. 따라서 진정으로 돈을 만족할 만큼 벌고 싶다면 사업을 해야 맞다. 말 그대로 월급 받은 돈으로 적금을 들어 돈을 버는 것은 아무리 많이 받아도 산술급수적이기 때문에 한계가 있다.

## 오랫동안 경제생활을 하려면 오래가는 직업을 선택하라

시대가 급변함에 따라 사회에는 많은 변동이 있었다. 미래학자들은 앞으로 많은 직업군이 없어지고, 과학과 문명의 발전에 따라 그보다 더 많은 수의 새로운 직업군이 생겨나게 될 것이라고 말한다. 국가고용정보원은 우리나라 직업의 숫자가 1995년 10,000여

개에서 2000년에는 12,000여 개로 증가했다고 보고했다. 이 숫자는 미국이나 일본의 30,000여 개에 비하면 턱없이 적은 숫자다. 하지만 앞으로 우리나라에도 더 많은 직업군이 탄생할 것은 명약관화하다.

직업은 탄생하기만 하는 것이 아니라 과학 기술의 발달로 인하여 관련 분야의 직업이 생기고, 자동화나 신기술의 도입으로 과거의 직업들은 사라지고 있다. 예를 들면 과거의 버스안내원은 버스 문이 자동문으로 바뀌면서 사라졌고, 굴뚝청소부는 개별난방이나 중앙난방으로 인하여 굴뚝이 없어지면서 사라졌다. 반면에 과거에는 없었던 직업도 생겨났다. 게임의 발달로 인하여 게임만 하는 직업인 프로게이머와 노인 인구의 증가에 따라 요양보호사라는 직업 등이 생겨났다.

직업의 탄생과 소멸은 비단 과학 문명의 발달만이 영향을 끼치는 것이 아니라 새로운 기술과 기계의 도입, 새로운 상품과 서비스가 등장하면서 일어난다. 따라서 직업 선택 시 미래를 읽는 눈을 가지는 것이 중요하다.

앞으로 직업의 탄생과 소멸 주기는 더욱 빨라질 전망이다. 의사와 변호사와 같은 전통적인 직업은 100년 이상의 역사를 가지기도 했지만, 요즘에는 30년은 고사하고 몇 년 만에 변화되거나 사라지는 직업도 많다. 예전 70년대에는 전파사라고 해서 가전제품을 수리하는 업소가 있었지만, 지금은 A/S센터가 생겨서 찾아보기 쉽지 않은 업종이 되었다. 또한 과거 학교에는 교련이라는 과목이 있어 교련선생님이라는 직업이 있었지만, 20년이 채 안 되어 그 과목이 없어지면서 교련선생님들은 설 자리가 없어졌고 다른 과목으로 전과하게 되었다.

전통적인 직업은 이렇게 20~30년 이상을 가기도 했지만, 요즘 생겨나는 직업은 3~4년 만에 사라지는 경우도 많으며, 심지어는 3개월 주기로 변화하기도 한다. 예를 들면 요즘에 새로 나오는 휴대폰의 경우 3개월 주기로 신제품이 나오기 때문에 3개월만 지나면 과거의 제품을 팔던 사람이나 수리할 수 있는 능력을 가진 사람은 도태되는 구조가 되어 버렸다.

MS(마이크로소프트)의 빌 게이츠 명예회장이 회장으로 재임 시 매년 초에 나올 신제품을 미리 발표할 때 전 세계의 컴퓨터 제조회사는 물론 부품회사, 소프트웨어 회사의 CEO와 연구진들은 촉각을 곤두세웠다. MS에서 만든 윈도우가 어떻게 바뀌느냐에 따라 회사의 성장과 소멸이 예고되기 때문에 새로운 시장을 선점하기 위해서였다. 이제 대학에서 배운 지식은 사회 변화를 따라잡지 못해 그 의미를 잃어가고 있다. 따라서 직업을 계속 유지하기 위해서는 변화하는 환경에 맞춰 자신의 경력과 능력을 함양시켜야만 앞으로의 직업 시장에서 생존할 수 있다.

앞으로 과학 기술이나 제도의 변화는 더욱 빨라질 것이다. 따라서 미래 시장에서 직업을 오랫동안 유지하기 위해서는 세상의 변화에 능동적으로 대처해야 한다. 그러기 위해서는 지금까지 가지고 있는 경험을 바탕으로 새로운 세상이 요구하는 기술을 습득하고 변화해야 한다.

## 평생직업을 선택하라

평생직장은 한번 입사하면 정년까지 근무할 수 있는 직장을 의미한다. 근대 사회에서는 평생직장의 의미가 강해 한번 취업하면 한 회사에서 근무하고 정년퇴직하여 노후를 맞이하는 게 기본이었다. 그러나 시대의 변화는 이러한 평생직장의 의미를 역사의 저편으로 밀어내고 있다.

더욱이 수명의 연장으로 평생직장의 의미도 사라졌다. 20년 전에는 평균수명이 65세 정도였기 때문에 60세까지 일할 수 있는 직장은 평생직장이라는 의미를 가지고 있었다. 그러나 현재는 평균 수명이 80세를 넘고 있으며, 앞으로 10년 후면 90세를 넘을 것으로 예측하고 있다. 뿐만 아니라 앞으로 장기를 교환하는 기술이 보편화되면 사람의 수명은 100세를 넘어 150세를 넘길 수도 있다는 의학자들의 보고가 있었다. 따라서 아무리 정년이 보장되는 사회나 회사라고 해도 대략 60세를 넘기면 결국 사회로 환원되어야 하기 때문에 이제 평생직장은 보기 어려운 현실이 되었다.

미국은 평생직장 개념도 없거니와 우리와 달리 일생동안 직장을 평균 7~8번 정도를 바꾸는 것으로 나타났다. 반면에 우리나라는 한번 입사하면 그 직장을 평생직장으로 생각하는 성향이 강하기 때문에 일생동안 직장을 평균 3~4번 정도만 바꾼다고 한다.

우리나라에서 취업하고 싶은 최고의 기업이라는 S사에서 평균 근속률(전 직원이 입사해서 퇴직할 때까지의 평균기간)을 따져보니 7.5년을 넘지 않는다는 통계가 나왔다. 이러한 평균 근속률은 고학력자가 저학력자보다 짧고, 사무직이 생산직보다 짧은 것으로 나타났다. 결국 많이 배운 사람이나 전문직에 종사하는 사람일수록 한 회사를 오랫동안 다니지 않았다. 제정경제부가 발간한 〈OECD 한국경제보고서〉에 따르면, 우리나라 정규직 근로자들의 동일 직장 평균 근속연수는 5.7년 정도로 나타나 S사의 평균 근속률은 높은 편이라 할 수 있지만 최고의 기업임에도 불구하고 평생 토록 한 직장만 근무하는 사람이 그만큼 적다는 것은 많은 것을 시사한다.

우리나라도 이제 서구 선진국처럼 수명 연장과 함께 평생직장 개념에서 벗어나 점점 직장을 바꾸는 것이 늘어날 것이다. 따라서 평생직장을 선택하기보다는 평생직업을 가져야 한다. 평생직업이란 한번 선택한 직업으로 평생 일할 수 있는 직업을 말한다. 평생 직장이 직장 한 곳을 오래 다녔다면, 평생직업은 한 가지 직업으로 평생 일하는 것이다. 평생직업을 가지면 죽을 때까지 일할 수 있으므로 정년이 없는 평생직장을 갖는 것이나 다를 바가 없다. 구직자들은 당장 편한 직장이나 오래 가는 직장을 선택하려고 하지만, 그런 직장은 이 세상에 존재하지 않는다.

앞으로는 평생직장을 대신하여 평생직업이 강조되는 시대에 살게 될 것이다. 그렇게 되면 직장을 옮긴다 해도 구직자 자신이 가진 특별한 업무 능력을 발휘하면서 평생 동안 일을 할 수 있게 된다. 최근 직업능력을 강화하기 위한 평생학습 및 직업능력 개발의 필요성이 점점 높아지고 있다. 미래 사회에서 정년과 상관없이 평생 직업을 가지려면 평생학습을 생활화하면서 관련 업무에 관한 자신만의 노하우나 지적 재산이 풍부하고 창의성을 가진 사람이 되어야만 한다.

## 월급으로는 부자가 되기 어렵다

직장생활을 통해 얼마나 많은 사람이 부를 축적하는지 생각해보라. 그 많은 시간과 정성을 쏟아 돌아오는 대가를 생각해보라. 직장생활이 안정감을 줄 수는 있다. 하지만 부를 제공해주지는 않는다. 만약 지금 진정으로 바라는 게 부(富)라면 직장생활은 재고해봐야 할 것이다.

월급을 받아서 나 혼자 사용하기에도 풍족하다는 생각이 들지 않는데 정부에서는 '월급봉투는 유리지갑'이라는 말에 걸맞게 꼬박꼬박 각종 세금을 원천징수해 간다. 또한 천정부지로 뛰는 물가로 월급봉투는 얇게만 느껴진다. 거기에 결혼을 했다면 얇은 월급봉투에서 아이들 양육비는 물론 학비까지 대고 나면 남는 것이 없을 정도로 빠듯하게 살아야 한다.

그래서 거기서 벗어나고자 많은 사람들이 은행의 급여통장 대신 CMA를 이용하고 없는 돈을 쪼개 펀드에 가입한다. 혹시 모를

과로사를 위해 보험금도 착실히 붓는다. 그럼에도 불구하고 집도 마련해야 할 뿐만 아니라 노후생활 준비도 해야 한다. 내 집 마련과 노후생활을 준비하려는 직장인들에게 재테크와 은퇴설계는 요즘 최대 관심사 중 하나다. 벗이나 회사동료와의 술자리에서 유망한 재테크 방법이라도 나올라치면 귀가 번쩍 뜨인다. 그러나 금융권의 대출 심사가 까다로워지면서 과거와 같이 은행돈으로 부동산 투기에 나설 처지도 못 된다. 오히려 투자할 돈의 부족함에 자신의 무능력을 한탄하기까지 한다.

실제 외벌이로 대기업 5년차 연봉 4,000만 원을 받는 집안과 대기업 15년차 연봉 7,500만 원을 받는 집안의 생활비를 비교하여 보

(단위 : 만 원)

| 상황 | 대기업 5년차(외벌이) | 대기업 15년차(외벌이) |
|---|---|---|
| 월급 | 320 | 60 |
| 보험료 | 35 | 80 |
| 아이들 교육비 | 50 | 80 |
| 식비 | 45 | 80 |
| 용돈 | 50 | 100 |
| 공과금 | 50 | 100 |
| 차량유지비 | 30 | 50 |
| 적금 | 50 | 100 |
| 기타 | 10 | 10 |

면 다음과 같다. 대기업 5년차 가정에서는 월급으로 한 달에 320만 원을 받아서 생활비를 쓰고 적금은 50만 원 정도를 들고 있다. 반면에 대기업 15년차 가정에서는 한 달 월급으로 600만 원을 받아서 생활비를 쓰고 적금은 100만 원씩 들고 있다. 결국 두 가정을 비교해보면 월급은 많아지지만 아이들이 성장하거나 생활의 규모가 커지면서 크게 풍족해지지는 않는다는 것이다.

적금을 50만 원씩 10년을 불입하면 이자와 합쳐 7,000만 원밖에 안 되며, 100만 원씩 부어야 14,000만 원 정도 된다. 이 돈을 가지고는 집을 사더라도 융자를 받아야 한다. 더욱이 아이들이 대학에 들어가는 시점부터는 목돈이 들어가기 때문에 적금 들었던 것을 사용하지 않으면 고스란히 부채가 생기게 된다.

요즘 사람들은 자녀교육에 올인하면 노후생활이 없다고 말한다. 일반적인 월급쟁이들은 기껏해야 정년퇴임을 할 60세 전후가 되면 집 한 채를 가지게 된다. 대략 30년 이상을 일해 아이들을 키우고 학자금이나 결혼자금으로 지원하는 데 모두 쏟아붓는 것이다. 결국 부모님들의 지원 없이 직장을 다니면 평생 티끌만큼밖에는 모을 수 없는 것이다.

실제로 한 연구 결과를 보면, 월급을 빠듯하게 사용하기 때문에 실직과 같은 비상상황에 대처하기 위한 예비자금 마련 등의 향후 준비는 부족한 것으로 나타났다. 가계 비상시를 위해 몇 개월분의 예비자금을 확보하고 있는지 묻는 질문에 '아예 없다'는 응답이 39.5%로 가장 많았다. 그 뒤를 '3개월 내외(22.85%)', '1개월 내외(21.1%)'가 이었다. 이러한 결과를 분석해보면 대다수의 직장인이 실제로 감원 대상이 될 경우 3개월 이후에는 가계경제 악화로 이어질 수 있음을 알 수 있다. 따라서 직장 다니는 것을 월급을 타서 편안하게 사는 것이라고 생각하면 큰 오산이다. 월급만을 바라보면서 직장을 다니는 것은 항상 미래에 대한 준비 부족과 불안을 예고하기 때문이다.

## 은퇴 후에 필요한 돈은?

은퇴자금이 얼마나 필요하고 이를 마련하기 위해 매달 얼마씩 저축해야 하는지는 은퇴를 준비하는 사람이라면 누구나 궁금해 하는 질문일 것이다. 국민연금공단은 노후를 준비하는 국민들이 생각하는 노후자금은 월평균 217만 8,000원이라는 조사 결과를 발표했다. 2016년에 국민연금공단은 국민연금행복노후설계센터에서 노후 준비 종합진단을 받은 1만 2,429명의 자료를 분석한 결과, 이 같이 집계됐다고 밝혔다.

응답자들은 각자 예상하는 필요노후생활비를 답했으며, 나이대가 높아질수록 비용이 낮아지는 특징을 보였다. 40대는 247만 원, 50대는 225만 원, 60대는 178만 원을 필요노후생활비라고 예상했다. 각자 매긴 노후준비 점수는 400점 만점에 평균 248.8점이었다. 노후준비 점수는 응답자의 연금 수준, 직업, 소득, 자산을 확인해 노후전문가와 상담 후 매긴 점수다. 연령별로 나눠보면 40대는 256.4점, 50대는 258.7점, 60대는 243점으로 나와 전반전으로 노후 준비가 부족한 것으로 나타났다. 성별로 구분하면 남성은 건강을 제외한 모든 분야에서 여성보다 노후 준비 점수가 높았다. 여성은 소득, 자산, 여가생활, 사회적 관계 등 건강을 제외한 전 분야에서 남성보다 노후 준비 점수가 낮았다.

하지만 이 질문에 답을 직접 찾기는 여간 어려운 일이 아니다. 은퇴자금은 수명, 물가상승률, 수익률 같은 여러 요인을 반영해 계산해야 하는 등 매우 복잡한 일이기 때문이다.

한 취업포털 사이트의 '직장인 노후설계' 조사에 따르면, 54.17%의 직장인들이 이상적인 노후생활을 위해 가장 필요한 것 중 가장 중요한 것으로 '돈'을 꼽았다고 한다. 건강을 꼽은 직장인은 이보다 크게 적은 31.25%였으며, '마음의 여유'라고 답한 직장인은 14.58%에 불과했다고 한다.

또한 직장인들은 이상적인 노후생활을 위한 자금이 얼마나 필요한가에 대한 질문에 대해 '3억~5억 미만'이 필요하다는 답변이 39.58%로 가장 높게 나타났으며, 그다음으로는 '5억 이상(37.50%)', '1억~3억 미만(16.67%)', '5천만 원~1억 미만(4.17%)', '5천만 원 미만(2.08%)' 순으로 답했다고 한다.

그러나 위와 같은 이상적인 노후생활 자금을 마련하는 것이 가능한가에 대한 질문에는 66.67%가 불가능하다고 답했다고 한다. 응답자들은 자신이 현실적으로 모을 수 있는 노후자금에 대해 35.42%가 '1억~3억 미만', 25.0%가 '5천만 원 미만'이라고 답했으며, 이어서 '5천만 원 이상~1억 미만(16.67%)', '5억 이상(12.50%)', '3억~5억 미만(10.41%)' 순으로 답했다고 한다. 설문 조사를 보면 필요하다고 생각하는 노후자금과 현실적으로 가능하다고 생각되는 노후자금의 차이가 꽤 큰 것을 알 수 있다.

그렇다면 직장인들은 현재 어떤 방법으로 노후자금을 준비하고 있을까? 직장인들이 노후준비를 위해 준비하고 있는 재테크 방법 1위는 39.58%가 선택한 '은행 저축/적금'이었으며, 그다음으로는 '각종 연금(18.74%)', 준비하고 있지 않다(12.50%)', '보험(10.42%)',

‘부동산(8.34%)’, ‘펀드/주식(6.25%)’, ‘퇴직금(4.17%)’ 순으로 나타 났다고 한다.

어떤 일이든지 철저한 계획하에 이루어졌을 때 성공 확률은 높은 법이다. 노후 준비 역시 마찬가지다. 젊을 때부터 꾸준히 넣은 개인연금 등으로 노후자금 마련을 준비한다면 향후 정기적인 수입원을 얻을 수 있음은 물론이고, 현재 경제생활에서 세테크 효과까지도 볼 수 있을 것이다.

## 노후의 행복은 노후를 대비하는 자금으로 충족된다

최저생계비는 국민이 생활을 유지하기 위한 최소한의 비용이다. 보건복지가족부 장관은 매년 9월 1일까지 중앙생활보장위원회의 심의·의결을 거쳐 다음 연도의 최저생계비를 공표한다. 2016년 보건복지부에서 발표한 1인 가구 최저생계비는 약 162만 원이었고, 2인 가구 최저생계비는 276원 만이었다. 최저생계비를 기준으로 경제생활에서 은퇴하는 60세부터 80살을 수명으로 계산해 보면 1인 가구에서는 162만원×20년×12개월=388,800,000원이 필요하며, 2인 가구는 276만원×20년×12개월=662,400,000원이 필요한 것으로 나타난다. 여기에 물가상승을 감안해 1인 가구가 은퇴 후에 20년을 살아가려면 최소 4억 원이 필요하며, 2인 가구는 최소 7억 원 정도가 필요하다고 할 수 있다.

문제는 평균수명이 점차 연장되고 있다는 것이다. 우리나라는 2000년에 노인 인구가 전체의 7%를 차지하면서 고령화 사회에 진입했다. 노인 인구가 14%를 넘으면 고령사회라 일컫는데, 곧 고령사회가 눈앞에 다가와 있다. 그에 따라 평균수명 또한 80세에서 100세로 늘어나면서 노후생활이 길어지고 있다.

통계청 조사에서 노후가 되면 나타날 수 있는 문제로 경제적 어려움이 36.8%로 1위, 건강문제가 27.4%로 2위, 외로움이 16.9%로 3위를 차지했다. 특히 경제적 어려움과 건강문제는 동시에 올 수 있어 이를 위한 대비는 필수다.

앞으로 100세 시대를 살아가려면 노후생활에 필요한 자금은 더욱 증가하게 된다. 최저생계비에 물가상승률까지 감안하면 1인 가구는 최소 8억 원이 필요하며, 2인 가구는 최소 15억 원 정도가 필요하다고 할 수 있다. 문제는 나이가 들수록 의료비용이 더욱 많이 들어가기 때문에 최저생계비만 가지고 생활하기 어려울 수도 있다는 것이다. 예를 들어 간병인 수당만 하더라도 일당 10만 원으로 계산할 때 요양원에 들어가 간병인을 고용하려면 월 300만 원의 돈이 든다. 문제는 장수할수록 우리 몸은 한계에 들어 노화현상이 심화되기 때문에 장기를 교환하거나 유지하기 위하여 많은 비용을 지불해야 한다는 것이다. 이렇게 따진다면 최저생계비 외에도 많은 부대비용이 든다고 할 수 있다.

보건복지부의 통계에 따르면, 치료를 받아야 하는데 돈이 없어서 자살하는 노인의 수가 하루에 11명꼴로 1년에 4,400명에 이른다고 한다. 이로 인해 노령기초연금을 제정해서 지원하고 있지만 월 20만 원으로 의료혜택을 원하는 만큼 누리기에는 한계가 있다. 따라서 노후에도 행복한 생활을 유지하기 위해서는 최저생계비를 충족할 수 있을 만큼 노후자금을 준비해야 하며, 노화를 줄이거나 고통을 줄이기 위한 비용까지 고려해야 할 것이다.

## 노후자금으로 중요한 연금

노후에는 경제활동을 하지 않는 경우가 많다. 그렇기 때문에 은퇴하기 전에 준비한 노후자금으로 노후를 살아야만 한다. 이때 노후자금으로 가장 많이 차지하고 있는 것이 연금이라고 할 수 있다. 그러나 국가에서 시행하는 국민연금은 최저생활비에 못 미치기 때문에 조금 더 경제적 여유를 가지기 위해서는 개인적으로 개인연금을 준비해야 한다.

개인연금이란 국민연금 등 공적연금이나 기업의 퇴직금 제도 외에, 개인적으로 노후를 대비하기 위해 추가 가입하는 장기저축을 말한다. 개인연금의 종류로는 은행에서 취급하는 개인연금신탁과 보험회사에서 취급하는 개인연금보험, 증권사에서 취급하는 개인연금 펀드가 있다.

연금은 유형에 따라 연금보험, 연금저축보험으로 나뉜다. 연금보험은 실질적으로 노후를 대비하기 위해 준비하는 이들에게 적합하고, 10년이 지나면 비과세가 되며, 연금을 수령할 때 수수료가 없다. 반면, 연금저축보험은 세제적격 보험 상품으로 400만 원까지 연말정산 소득공제가 가능하여 직장인들이 가입을 많이 하는 편이다. 다만, 비과세 상품이 아니고 소득공제를 받은 상태에서 중도 해지할 경우 공제받은 금액을 다시 토해내야 한다. 세액공제 혜택으로 연말정산을 하는 직장인들에게 유리하지만, 세액공제를 받은 금액과 운용수익에 따라 3.3~5.5%의 연금소득세도 내야 한다.

연금 수령방법에 차이가 있는 연금보험과 연금저축보험은 연금

수령 시 비과세 혜택을 받느냐, 세액공제를 미리 받고 향후 연금소
득세를 내느냐 하는 것만 선택하면 된다.

미래에셋퇴직연금연구소에서 나온 결과를 보면 2억 원의 노후
자금으로 월 200만 원씩 사용한다면 8.8년을 사용할 수 있으며,
100만 원씩 사용하면 18.9년을 사용할 수 있다고 한다. 5억 원의
노후자금으로 월 200만 원씩 사용한다면 24.6년을 사용할 수 있으

**노후자금으로 얼마나 버틸 수 있나?**

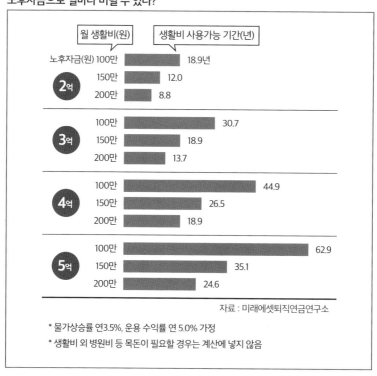

| 노후자금(원) | 월 생활비(원) | 생활비 사용가능 기간(년) |
|---|---|---|
| 2억 | 100만 | 18.9년 |
| | 150만 | 12.0 |
| | 200만 | 8.8 |
| 3억 | 100만 | 30.7 |
| | 150만 | 18.9 |
| | 200만 | 13.7 |
| 4억 | 100만 | 44.9 |
| | 150만 | 26.5 |
| | 200만 | 18.9 |
| 5억 | 100만 | 62.9 |
| | 150만 | 35.1 |
| | 200만 | 24.6 |

자료 : 미래에셋퇴직연금연구소

* 물가상승률 연3.5%, 운용 수익률 연 5.0% 가정
* 생활비 외 병원비 등 목돈이 필요할 경우는 계산에 넣지 않음

며, 100만 원을 사용한다면 62.9년 사용할 수 있다고 한다. 그러나 여기에는 순수 생활비만을 포함한 것이기 때문에 의료비나 문화비까지 포함한다면 배는 더 가지고 있어야 가능하다.

노후 준비를 위해서는 이처럼 많은 비용이 드는데 많은 금액을 한꺼번에 마련하기란 쉽지 않다. 이 때문에 지속적인 저축을 해야 모을 수 있다. 한꺼번에 많은 노후자금은 근로 소득이나 퇴직 소득만으로는 모으기가 어렵기 때문에 요즘에는 노후연금에 관심을 갖고 있는 사람이 많다.

연금 제도는 여러 사회보장 체계 중에서 지주를 이루는 소득 보장에 속하며, 그중에서도 장기 소득 보장을 부여하는 사회보험의 일종이다. 연금의 경제적 성격을 논할 때 흔히 연금은 저축의 한 형태 또는 한 방식으로 파악하여 '연금은 저축의 일종', '저축으로서의 연금'이라는 말을 한다. 연금에는 개인적으로 부담하는 개인연금과 국가에서 운영하는 국민연금이 있다.

대한상공회의소가 직장인을 대상으로 한 노후연금 준비 실태 조사에 따르면, 대부분의 직장인이 노후 걱정을 많이 하면서도 노후연금 준비를 하는 직장인은 10명 중 3명에 불과한 것으로 나타났다. 그리고 개인연금 가입자 중에서도 중도에 해지하는 경우가 있기 때문에 국민연금밖에 탈 것이 없는 사람도 많다.

우리나라 공적연금 제도에는 일반 국민을 대상으로 하고 있는 국민연금 외에 공무원연금(1960), 군인연금(1963), 사립학교 교직 원연금(1975) 등이 있다. 국민연금(1988)은 이보다 늦게 도입되었으며 농어민(1995), 자영업자(1999) 등 전 국민을 대상으로 하고 있다. 보험료율은 보수 월액의 17%(공무원 8.5%+국가 8.5%, 과세 소득 대비 개인 부담률은 5.525%)이며, 퇴직 직전 3년간의 평균 소득을 기준으로 연금액을 산정하게 된다. 반면 국민연금의 보험료율은 9%(사업장 가입자의 경우 4.5%를 근로자가 부담)이고, 전 생애 평균 소득의 평균치를 기준으로 기본 연금액을 산정하고 있다. 퇴직금 등 다른 조건을 제외했을 경우에는 대체로 공무원연금이 국민연금보다 연금 보험료를 더 많이 납부하고 더 많이 급여를 지급받는 구조로 되어 있다.

이러한 문제를 해결하기 위하여 국가는 연금 제도에 변화를 가져왔다. 연금을 받는 시기는 가입 연령에 따라 다르게 지급받는다. 국민연금 제도 초기에 가입한 베이비부머들은 대략 100만 원대의

**〈표〉 출생시기별 국민연금 수급 개시 시점 연령**

| 출생연도 | 53년 이전생 | 53~56년생 | 57~60년생 | 61~64년생 | 65~68년생 | 69년생 이후 |
|---|---|---|---|---|---|---|
| 연금 개시 연령 | 만 60세 | 만 61세 | 만 62세 | 만 63세 | 만 64세 | 만 65세 |

- 출처 : 《인간의 모든 감정》, 최현석, 2011, 서해문집

노령연금을 탄다. 최근에 새로 가입하는 경우에는 최고 소득 등급 (45등급)으로 30년간 납입하면 88만 원을 수령하게 된다. 또한 가입 연령에 따라 수급 시점도 다르다. 53년 이전에 출생한 사람은 만 60세부터 수령할 수 있지만, 69년 이후에 태어난 사람은 만 65세부터 수령이 가능하다.

현재 국민연금은 내는 돈에 비해 받는 돈이 많은 체계로 되어 있어 기금의 고갈이 예정되어 있다. 이미 군인연금은 막대한 국민의 세금으로 충당하고 있고, 공무원연금도 얼마 가지 못할 것으로 예측되고 있으며, 국민연금도 현재의 추세로 가면 2060년에 고갈된다는 전망이 나와 있다. 그러나 사람의 수명이 연장됨에 따라 국민연금 고갈도 정부 예측 시점(2060년)보다 10~20년 정도 앞당겨져 이르면 2040년이 될 수도 있다. 예상보다 빠르게 전개되는 수명 연장으로 연금 개혁을 지금부터 서둘러 진행하지 않으면 재앙을 피하기 어려울 것이다.

노후에 사용할 자금이 많다면 문제가 되지 않겠지만 노후 준비가 충분치 못한 경우에는 퇴직자금이나 퇴직연금을 통해 연금으로 받을 수 있는 금융상품을 한 개 이상은 준비해야 한다. 노후자금이 부족하다면 마지막 보루로 주택 모기지론에 가입할 준비도 해야 한다. 따라서 노후생활을 행복하게 하기 위해서는 자녀들에게 미리 상속하기보다는 자신의 노후자금이나 주택을 가지고 있어야 한다.

## 금융관리가 노후 불안을 막는다

세계적 자산관리회사인 피델리티 그룹이 8개국의 은퇴 준비상황을 조사해서 지난 2008년에 《은퇴백서》라는 책을 발간했다. 조사 결과 우리나라 직장인들의 은퇴 준비가 다른 선진국에 비해 크게 뒤떨어지는 것으로 나타났다. 이 조사 보고서에 따르면 우리나라 직장인들이 60세에 은퇴할 경우, 예상 연소득은 평균 1,600만 원 정도로 나타났다. 이 금액은 은퇴 직전 연평균 소득인 4,000만 원의 41%에 그치는 것이다. 독일이나 미국, 영국, 캐나다 등 선진국의 경우 은퇴 후 예상되는 연소득이 은퇴 직전 소득의 50%를 넘는 것에 비하면 우리나라 직장인들의 은퇴 후 소득은 크게 떨어지는 수준이다. 그만큼 우리나라 직장인들의 미래 은퇴 후 생활에 비상등이 켜진 것이다.

베이비부머는 한국 전쟁 이후 1955~1963년에 출산율이 급증하면서 태어난 세대를 말한다. 현재 전체 인구 중에서 14.6%인 712만 명에 달한다. 이들은 전쟁 후 어려운 사회 속에서 성장하며 열심히 살아온 세대로 자신의 어려움을 대물림하지 않기 위하여 자녀들의 양육과 교육에 치중한 세대이다. 베이비부머 세대는 자신의 미래보다는 자녀에 대한 양육과 교육에 대한 관심이 높았기 때문에 미래에 대한 준비를 거의 하지 못한 세대이기도 하다. 문제는 이런 베이비부머 세대들이 은퇴를 시작하면서 충격에 빠지고 있다는 것이다.

은퇴란 한마디로 월급날이 되어도 내 통장에 돈(급여)이 들어오지 않는 것을 말한다. 실제로 은퇴한 사람들을 만나보면 한결같이 경제적으로 어렵거나 풍족하지 않다고 말한다. 이들은 미래에 대한 준비를 제대로 하지 못했기 때문에 은퇴는 경제력의 단절을 가져와 국민연금을 조기 노령연금으로 신청하는 사람들이 증가하고 있다.

조기 노령연금이란 본래 국민연금은 60세가 되면 받는 것인데 이를 55-59세에 미리 받을 수 있도록 한 제도를 말한다. 조기 노령연금은 55세에 정상 연금의 70%, 56세에 76%, 57세에 82%, 58세에 88%, 59세에 94%를 평생 받게 된다. 근로 소득이나 사업 소득이 월 278만 원을 넘지 않아야 신청할 수 있다. 80세까지 산다고 가정할 때 55세에 연금을 타게 되면 총 수령액에서 60세부터 받는 것보다 12.5%를 손해 보게 되며, 85세를 기준으로 한다면 16%를 손해 보게 된다. 따라서 국민연금은 되도록 늦게 타는 것이 좋다.

실직 후에는 돈이 얼마 남지 않았다는 생각에 심리적으로도 위축되기 마련이다. 경제적으로 수입이 없어지면 당장 지출을 줄여야 하는데 이때부터 고민하면 이미 때는 늦다. 노후자금이 없는 상태에서 은퇴를 하면 '있는 재산'을 까먹는 도리밖에 없다. 한 달 생활비로 500만 원이 필요한 사람은 물가 상승률 3%, 예금 금리 5%를 투자 수익률을 감안하면 은퇴 후 20년 동안 약 10억 원이 필요하다. 한 달 생활비가 그 절반인 250만 원이라고 가정하면 약 5억 원이 필요하다. 따라서 은퇴하기 전에 노후생활에 대비한 재무설계를 일찍 준비해야 한다.

다음은 은퇴를 하고 난 후 노후생활을 준비하기 위한 방법들이니 유용하게 활용하기 바란다.

• 적금을 든다

노후생활을 위해서는 금융상품에 골고루 분산투자해야 한다. 금융상품으로는 적금, 예금, 펀드, 보험, 주식 등이 있다. 주식은 장기 투자를 할 생각이 없으면 하지 말아야 하며, 원금을 잃을 수 있으므로 주의해야 한다. 주식 투자는 수익을 많이 줄 수도 있지만 손해도 크다는 생각을 가져야 한다. 만약 투자한 주식이 손해를 보아도 견딜 수 있는 마음을 갖지 않은 상태에서 투자를 하게 되면 건강도 잃을 수 있다는 것을 명심하자. 그런 면에서는 펀드도 마찬가지라고 할 수 있다.

적금은 일정 기간을 계약하고 정기적 또는 비정기적으로 금액을 불입하여 계약 기간이 만료된 후 이를 이자와 함께 일괄적으로 돌려받는 것이다. 적금은 되도록 세금 우대를 받으면서 이율이 높은 것을 하나쯤 해놓는 것이 좋다.

### • 금융상품을 해지한다

노후에 수입이 생기지 않는 상태에서 금융상품을 계속 유지하기란 불가능하다. 금융상품을 해지할 때에도 순서가 있다. 금융상품을 해지할 때는 적금 → 예금 → 펀드 → 보험 순으로 해지한다.

일반적으로 보험부터 해약하는 경우가 많은데, 보험은 중간에 해약하면 원금도 제대로 받지 못하는 경우가 많다. 더욱이 보장성 보험은 반드시 필요하기 때문에 되도록 유지하는 것이 좋다. 대부분의 사람들은 은퇴 후 초반부엔 지출이 많고, 점차 연령이 높아질수록 지출이 줄어들 거라 생각한다. 하지만 나이가 들수록 의료비의 증가로 인해 지출이 더욱 늘어날 수도 있다. 갑자기 많은 의료비의 지출은 가정의 재무 상태를 급격하게 위축시키기 때문에 필수 보장성 보험은 반드시 유지해야 한다.

### • 주택을 담보로 대출을 받는다

노후 준비금을 준비하지 못했다면 주택을 담보로 대출받는 것도 자금 융통의 한 방법이다. 주택연금(역모기지론)은 주택을 담보로 금융기관에서 일정 기간 동안 일정 금액을 연금식으로 지급받는 장기 주택저당대출을 말한다. 주택은 있으나 특별한 소득원이 없는 경우, 고령자가 주택을 담보로 사망할 때까지 자택에 거주하면서 노후생활 자금을 연금 형태로 지급받고, 사망하면 금융기관이 주택을 처분하여 그동안의 대출금과 이자를 상환받는 방식이다.

자식들한테 집을 물려줘야 한다는 생각이 점점 사라지면서 이를 담보로 평생 연금을 받는 사람이 늘고 있다. 특히 집값이 계속 떨어지는 마당에 집을 팔기보다는 평생 연금을 받아쓰는 게 낫기 때문이다.

### • 지출을 줄인다

지출을 줄이는 것은 고통스럽지만 가능한 일이다. 생계 수단이 아니라면 자동차는 파는 것이 좋다. 자동차 한 대를 줄이면 유류비, 보험료, 각종 세금을 포함해 자동차 1대당 연간 최소 400만 원 정도를 절약할 수 있다. 이외에도 외식비는 물론 경조사비도 줄이고, 저녁모임 참석도 되도록 피한다. 남들에게 창피한 일이라고 생각할 수도 있지만 보다 더 중요한 일은 빚을 지지 않는 것이다.

### • 교육비를 줄인다

30~50대라면 자녀들의 높은 사교육비와 함께 노령의 부모님을 부양해야 하는 책임을 동시에 짊어지고 있기 마련이다. 이 때문에

정작 자신의 노후를 대비하기 위해 저축할 여력이 없다. 특히 자녀들을 대학까지 교육시키고 모두 출가시키다 보면 정작 자신의 노후자금을 충분히 모아놓기가 쉽지 않다. 그래서 생긴 속담이 '자녀 교육에 올인하면 노후생활이 없다'는 것이다. 고등학생 이상의 자녀라면 아르바이트를 권하고, 대학에 다니는 자녀라면 대학 등록금을 어떻게 마련할지 미리 계획을 세우는 것이 좋다. 예를 들면 자신이 돈을 벌어서 다니도록 하거나 학자금 대출을 받도록 설득해야 한다.

### • 은퇴 준비를 미리 한다

여성이든 남성이든 한 집안의 가장은 보통 은퇴 대비를 하고픈 마음은 굴뚝같지만 실제로 보면 재정적인 준비를 할 수 있는 여윳돈이 거의 없다. 그래도 포기하지 말고 짬짬이 적은 돈이라도 은퇴 준비 자금을 지금이라도 모아두어야 한다. 사실 은퇴 준비를 시작해야 하는 연령대는 점점 더 빨라지고 있다. 반면 평균 수명은 늘어나고 있기 때문에 그만큼 은퇴생활 기간도 길어졌다는 점을 명심하자.

## • 부동산은 줄이고 현금자산은 늘린다

우리나라에서는 은퇴하면 대부분 집 한 채가 전 재산이다. 현금이 없이 좋은 집에 사는 것은 오히려 집에 들어가는 비용의 증가로 노후생활이 더욱 어려워질 수 있다. 따라서 부동산 비중을 줄이고, 현금 자산 비중을 늘려야 한다. 우리나라는 개인 자산 중 부동산 비중이 77%인데, 미국은 33%, 일본은 39% 수준이라고 한다. 앞으로 주택은 인구 감소로 인하여 가격이 점점 떨어진다는 점을 명심해야 한다.


## • 3개의 연금은 기본이다

국민연금은 누구나 드는 것이기 때문에 필수이다. 여기에다 경제생활을 할 때 노후를 위하여 퇴직연금과 개인연금을 함께 들어두는 것이 좋다. 노후에 세금, 식비, 주거비, 난방비, 관리비 등 매달 들어가는 생활비에 여가 비용과 건강 비용을 충당할 수 있을 만큼 연금을 들어 놓으면 노후생활을 힘들지 않게 보낼 수 있다.

## • 건강관리가 진짜 재테크다

　노후에 가장 큰 변수는 암 같은 큰 병에 걸리는 것이다. 암이나 질병에 걸리면 한 번에 많은 비용이 들어가 노후생활을 더욱 어렵게 만들 수 있다. 따라서 갑자기 들어가는 의료비를 줄이기 위해서는 늘 운동하고 몸 생각을 해야 한다. 특히 유전적으로 많이 걸리는 병이 있다면 그 병에 대한 질병보험을 들어 두는 것이 좋다.

긍정적인 생각이 행복을 가져온다

## 긍정은 자신의 인생을 결정한다

미국의 16대 대통령인 에이브러햄 링컨은 "사람은 행복하기로 마음먹은 만큼만 행복하다"고 말했다. 행복은 공짜라 마음먹은 만큼 가질 수 있다는 것이다. 결국 행복은 우리가 마음먹기에 달려 있다. 그러나 우리 현실은 어떤가.

우리의 일상은 객관적이다. 그러나 똑같은 일상이지만 그것을 받아들이는 사람들은 주관적으로 다양하게 해석한다. "참 좋은 일이야", "난 행복해"라고 생각하는 사람이 있는 반면, "참 나쁜 일이야", "난 불행해"라고 생각하는 사람도 있다. 결국 생각 자체가 긍정적이냐 부정적이냐에 따라 똑같은 일상도 다르게 보는 것이다. 문제는 주관적 생각이 생각으로만 끝나는 게 아니라 우리의 일상을 또 지배한다는 데 있다.

긍정은 사물에 대하여 그 존재방식을 있는 그대로 승인하는 것을 말한다. 말 그대로 있는 그대로 받아들이는 것을 말한다. 우리 주변을 보면 행복한 사람들의 특징 중에 하나가 긍정적이라는 것이다. 반면에 실패하는 사람들의 특징 중에 하나가 부정적이라는 것이다. 행복한 사람들은 항상 생각 자체가 긍정적이어서 "난 할 수 있어", "난 멋있어", "난 잘될 거야", "난 행복해", "난 아름다워", "난 장점이 많아", "불가능은 없어"라고 생각한다. 이런 생각 때문에 행복한 사람들은 항상 밝고 긍정적이며, 똑같은 일을 해도 신난다. 그러나 부정적인 사람들은 "난 할 수 없어", "난 못났어", "난 잘 안 될 거야", "난 불행해", "난 못생겼어", "난 단점이 많아", "그 일은 불가능해"라고 생각한다. 그러다 보니 모든 일에 도전하기보다는 안주하고, 어떤 난관이 오면 쉽게 포기하여 절망에 이르는 경우가 많다.

이처럼 긍정과 부정은 동전의 양면처럼 별것 아닌 것 같지만 인생을 결정짓는 중요한 요인이 된다. 마음이 긍정적인 사람은 어떤 일을 대하든 긍정적인 마음으로 하니 일이 더욱 잘되고, 자신감을 가지고 즐겁게 일을 진행한다. 반면에 부정적인 사람들은 똑같은 일도 부정적인 마음으로 하니 일이 잘 안 풀리고, 자신감이 없으니 짜증스럽게 일을 하게 된다. 게다가 이러한 경향은 자신뿐 아니라 주변 사람들에게까지 영향을 끼치는 경우가 많다. 끼리끼리 논다는 말이 틀리지 않다.

긍정과 부정은 내가 자유롭게 선택할 수 있는 과일과 같다. 이왕이면 부정의 과일보다는 긍정의 과일을 먹어보자. 그럼 우리의 인생은 행복에 더욱 가까이 갈 수 있고, 좋은 사람들이 주변에 모여들어 존경받으면서 행복한 삶을 살 수 있다.

## 긍정의 힘이 비전을 실현한다

어떤 사람은 99개를 가지고 있으면서도 1개가 부족하다고 생각한다. 그러나 어떤 사람은 1개만 가지고 있으면서도 그것이 없는 것보다 낫다고 생각한다. 이에 관한 일화가 탈무드에 다음과 같이 나온다.

아버지가 아들에게 말했다.

"사람의 마음에는 두 마리의 늑대가 있단다. 하나는 긍정적인 생각을 하고 행동을 하게 하는 늑대이고, 하나는 부정적인 생각을 하고 행동을 하게 하는 늑대란다."

그 말에 아들이 아버지에게 물었다.

"그럼 결국에는 누가 이겨요?"

아버지의 대답은 무엇이었을까? "네가 먹이를 주는 쪽이 이긴단다"였다.

이 대답처럼 결국 우리는 긍정적인 생각을 하면 긍정적으로 행동하고, 부정적인 생각을 하면 부정적으로 행동한다.

머피의 법칙이라는 것이 있다. '일이 잘못된 방향으로 진행되거나 자신에게 불리한 상황이 반복되는 현상'을 말한다. 머피의 법칙을 사회생활이나 인생살이에 적용하면, 사실은 맞는 경우보다 맞지 않는 경우가 많다. 하지만 사람이 부정적인 사고에 사로잡히면 얼마든지 머피의 법칙이 일어날 수 있다. 반면 이 법칙을 반대로 생각해 긍정적인 방향으로 생각한다면, 즉 좋은 일만 일어날 것이라고 생각한다면 계속 좋은 일이 일어날 수도 있다.

조엘 오스틴은 베스트셀러인 《긍정의 힘》에서 사람은 믿는 대로 이루어진다고 말했다. 우리가 긍정적인 생각으로 세상을 보면 모든 것이 긍정적이고 행복해 보이나, 부정적인 생각으로 세상을 보면 모든 것이 부정적이고 불행해 보인다는 것이다. 결국 우리가 비전을 세워서 그것을 달성하느냐 못 하느냐는 자신의 비전을 긍정적으로 보느냐 부정적으로 보느냐에 달려 있다. 따라서 비전을 달성하기 위해서는 꼭 달성할 수 있다는 긍정의 힘으로 생각해야 한다.

## 행복은 노력의 대가다

행복한 삶을 사는 것은 어린 과일 나무를 집 안에 심는 것과 같다. 어린 과일 나무에서 열매가 열리려면 오랜 기간 정성스럽게 보살피지 않으면 안 된다. 거름도 주고, 농약도 쳐주며, 가지도 적당히 잘라주어야 한다. 우리가 꿈꾸는 행복한 삶은 오랜 기간 공을 들여 관리하고 그랬을 때 비로소 실현할 수 있다.

행복한 사람이 되는 방법은 마치 뻥튀기 기계로 만들어지는 것처럼 급조될 수 없다. 또한 로또 복권을 사서 하루 만에 대박을 터트리는 것처럼 생각해서도 안 된다. 그렇게 되면 잠시는 행복할 수 있겠지만 오랫동안 행복하지는 못할 것이다. 가장 중요한 문제는 장기간에 걸쳐서 하루하루 조금씩 열심히 해나가야 한다는 것이다.

어떤 사람들은 다른 사람보다 더 큰 행운을 갖고 태어나기도 한다. 하지만 스스로 더욱 발전시키려는 의지가 없다면 얼마 가지 않아 그 행운은 떠나고 말 것이다. 행복에는 여러 가지 요소가 포함되어 있다. 이것들은 기본적인 능력만으로 쉽게 얻어지는 것이 아니다. 행복에는 비전, 스피치, 인간관계, 시간관리, 마케팅, 도전정신, 도덕성, 경력, 경험, 건강, 인간관계, 긍정적 사고 등은 물론 이것 이외에도 아주 많은 요소들이 포함된다. 이 요소들은 보아서 느끼는 구체적인 것도 있지만 손에 잡히지 않는 추상적인 것들도 많다.

그러나 다행인 점은 이 요소들 거의 대부분이 학습할 수 있거나 향상될 수 있다는 것이다. 단, 하룻밤에 이루어지는 것은 아니라 오랜 시간을 두고 노력해야 한다. 물론 어디서부터 시작하는지는 전혀 문제가 되지 않는다. 시대의 변화에 따라 행복의 조건과 요소는 바뀌고 있다. 따라서 현재 최상의 행복을 누리고 있더라도 지속적으로 꾸준히 노력해야 할 것이다.

# 포기는 빠를수록 좋다

로버트 J 맥케인은 "평범한 사람들이 행복을 이루지 못하는 이유는 두 번째로 중요한 일에 먼저 시간을 사용하기 때문이다"라고 말했다. 평범한 사람들은 가장 중요한 일과 사소한 일을 구분하지 못하기 때문에 중요한 일을 발견하지 못하고 사소한 일에 열중한다. 과거 《사소한 것에 목숨 걸지 마라》라는 책이 베스트셀러가 된 적도 있었다. 사소한 일에 몰두하면 행복으로 가는 길이 오래 걸리는 것은 물론 여러 가지 어려운 일들이 생긴다. 때로는 이 때문에 중요한 일을 못 하게 되기도 하고, 서로 오해해 관계가 심각한 상태에 빠지기도 하며, 심지어는 우리 인생 전체를 망칠 수도 있다.

사소한 일에 너무 신경을 쓰다 인생 전체를 망친 비극적인 예가 우리 주변에는 널려 있다. 당신이 비행기 조종사라고 가정해보자. 조종사는 목적지까지 승객들을 안전하게 인도해야 할 의무가 있다. 그러나 걸려온 전화에 과도하게 신경을 쓴 나머지 운전이 불안정해지거나 경로를 이탈한다면 어떻게 될까? 많은 사람들의 생명까지 위험에 빠질 수 있다.

이처럼 우리는 중요한 일에 집중하고 사소한 일은 빨리 포기하는 것이 좋다. 행복하기 위해서는 사소한 일을 더욱 빨리 포기할 수 있어야 한다. 빠른 의사결정도 가능하고, 자신의 강점에 집중하고, 이익이 되는 것에 몰두할 수 있다.

한 젊은 바이올린 연주자에게 그녀의 행복의 비밀이 무엇인지 물어보았다. 그녀는 사소한 것을 무시한다며 이렇게 대답했다.

"학교 다닐 때, 저에게는 요구되어지는 것들이 많았습니다. 아침 식사 후에 방에 들어가면, 침대를 정리하고 방을 정돈해야 했고, 마루를 청소해야 했어요. 제가 주의를 기울여야 하는 것은 무엇이든 해야 했어요. 그다음에야 비로소 저는 제 바이올린 연습을 할 수 있었지요. 저는 제가 해야만 한다고 생각하는 것을 제대로 할 수가 없다는 것을 알게 되었지요. 그래서 저는 반대로 하기로 했어요. 제 연습 시간이 끝날 때까지 저는 모든 것을 고의적으로 무시했어요. 저는 그게 제 행복의 이유라고 믿어요."

사소한 일과 중요한 일을 구분하는 것은 쉬운 일이 아니다. 이를 위해서는 일의 우선순위를 정해서 진행해 나가야 한다. 일의 우선순위는 일의 중요성과 상황에 따라 달라질 수 있다.

1912년 4월 12일 밤, 타이타닉호가 빙산과 충돌해 침몰했다. 그로 인해 수많은 사람들이 목숨을 잃었다. 이 재난 현장에서 나온 가장 호기심을 끄는 이야기 중에 한 여성 승객에 대한 이야기가 있다.

그녀는 배가 3분 후에 침몰한다는 소식을 듣고 선원들의 만류에도 불구하고 특등실로 갔다. 그리고 자신의 방 안에서 평소에 애지중지 하던 장신구와 보물들은 거들떠보지도 않고, 화장대 위에 있던 세 개의 오렌지를 챙겨 구명보트로 돌아왔다. 조난 시 식사대용으로 사용하기 위해서였다. 5분 전까지만 해도 거들떠보지도 않았던 오렌지를 자신의 모든 장신구와 보물과 바꾼 것이다. 이전까지는 생각해보지도 않았던 어리석은 생각이었을 것이다. 그러나 위급한 상황은 갑자기 모든 가치를 바꾸어 그녀의 우선순위까지 변화시켰던 것이다.

우리도 마찬가지다. 생활 속에서 너무 작은 것만 보지 말고 큰 것을 보자. 그리고 사소한 일이나 실현하는 데 어려움이 있는 것은 빠르게 포기하는 습관을 길러보자.

## 잠재능력이라는 거인을 깨우자

프로이드는 인간의 정신이 무의식, 전의식, 의식과 같이 3가지로 나눠진다고 주장했다. 무의식은 우리가 평소에 전혀 인지하지 못하는 것을 말하며, 의식은 우리가 평소에 나 자신이라고 알고 있는 나의 모습이다.

그런데 무의식이 어떤 특별한 이유로 의식화되는 경우가 있다. 프로이드는 인간의 정신이 빙산처럼 의식은 10%도 안 되나, 잠재의식은 90% 이상을 차지함에도 불구하고 의식이 정신의 전부인 것처럼 취급하고 있다고 말했다. 의식은 주로 생각하고 판단하고 명령을 내리는 기능을 가지는 데 반해, 잠재의식은 신체 조직이나 기관 등을 관장하는 자율신경을 담당하는 것은 물론 정보를 기억·저장하는 기능, 직감이나 감정, 확신과 영감, 암시와 추리, 상상과 조직력 등의 기능을 제공한다. 잠재의식은 의식이 접근할 수 없는 정신의 영역, 또는 우리들에게 자각되지 않은 채 활동하고 있는 정신세계를 말한다. 주목할 것은 프로이드가 잠재의식을 빙산에 비유한 것처럼 잠재의식의 힘은 거의 무한대이기 때문에, 많이 활용할수록 능력도 증가하고, 새로운 능력을 개발해 나갈 수 있다는 것이다.

요즘 의식이 판단하고 명령 내리는 기능과 잠재된 힘의 근원으로서 잠재의식의 기능을 강화하는 연구가 한창 진행 중이다. 최면의 암시기법으로 시력이 좋아졌다는 의학 논문과 키가 커졌다는 연구 결과가 권위 있는 의학 학술지에 기재되기도 한다. 어렵게 학술논문을 뒤적일 것도 없이, 정신을 집중해 초인적인 능력을 발휘

했다는 사실을 주위에서도 흔히 찾아볼 수 있다.

　한때 〈두 얼굴의 사나이〉라는 외화가 인기리에 방영된 적이 있다. 두 얼굴의 사나이는 평범한 인간일 때는 의식이 지배하지만, 위급한 상황이 되면 잠재의식이 나타나 괴력의 사나이로 변신한다. 꼭 두 얼굴의 사나이가 아니더라도 평상시에는 불가능한 일이지만, 위급한 상황에서는 기적 같은 힘이 솟아나 일을 쉽게 해결하거나 놀라운 능력을 발휘하는 경우가 있다. 반면 사형수에게 금방 죽는다는 것을 암시하면 결국 잠재의식 때문에 사형수가 죽는다고 한다. 이처럼 잠재의식은 사용하는 곳에 따라 사람의 능력을 배가하기도 하고 죽이기도 하는 놀라운 힘을 가졌다.

　하지만 잠재능력은 마치 황무지와 같아서 개간하지 않으면 황무지가 되고, 개발하면 기름진 옥토로 바꾸어 원하는 결실을 얻을 수 있다. 잠재능력은 무한대이기 때문에 이를 인생의 모든 방면에 활용한다면 우리는 평범한 사람들보다 월등하게 능력 있는 삶을 살 수 있을 것이다. 나아가 잠재의식을 의식의 지배 아래 두고 마음대로 통제할 수 있는 습관을 길러나간다면 초월적인 존재로 살 수 있을 것이다. 이처럼 잠재능력을 높이려면 항상 자신감에 찬 모습으로 언제나 어깨를 쫙 펴고, 당당한 자세와 힘찬 걸음걸이로, 자기 자신을 철저하게 믿는 신념을 가져야 한다. 이러한 행동은 자기 스스로에게 절대적인 확신을 줄 뿐만 아니라 성공에 대한 욕구를 더욱 자극하여 자신이 몰라보게 발전시킨다.

그렇다면 잠재능력을 현실의 능력으로 바꾸는 방법은 무엇일까? 잠재능력에 성공의 의지를 불어 넣어주어야 한다. 잠재의식은 현실과 상상을 구분하지 못하기 때문에 끊임없는 상상력으로 성공한 자신의 모습을 그리며 성공하겠다는 강한 결심을 마음속에 새겨야 한다. 그 이미지가 구체적일수록, 자주 반복될수록 좋다. 아침에 일어나 거울 속 자신에게 "난 할 수 있어", "난 꼭 성공하고 말거야" 등과 같이 말하면서 추구하는 목표를 그려보라. 하루를 활기차게 시작하면서 강한 성공의 기운으로 인상이 밝아질 것이다.

지금 당장 자신 안에 잠들어 있는 잠재능력이라는 거인을 깨워보라. 그 거인이 깨어나기만 한다면 당신은 성공에 이를 수 있을 것이다.

## 행복한 사람은 태어나는 것이 아니라 만들어진다

행복한 사람은 태어나는 것이 아니라 만들어진다. 그 대표적인 사람 중 하나가 대우중공업의 김규환 씨나 장승수 씨를 들 수 있다. 그들의 사례를 한 번 보자.

대우 중공업 김규환 명장은 가난한 농부의 5대 독자로 태어났다. 그는 중학교를 졸업하고 어머니의 약값을 벌기 위해 무작정 서울로 상경하여 사환으로 입사하게 되었다. 사환으로 입사하여 매일 아침 5시에 출근했다. 매일 똑같은 모습을 본 사장님이 정식기능공으로 승진시켜 주었다. 그 후에도 계속 5시에 출근했고, 또 사장님은 반장으로 승진시켜 주었다.

그는 항상 "목숨 걸고 노력하면 안 되는 일이 없다!"는 자세로 일했다. 어느 날 무서운 선배 한 분이 하이타이로 기계를 모두 닦으라고 해서 공장에 있는 기계 2,612개를 다 뜯어서 닦았더니 호칭이 '야 이 새끼야'에서 '김 군'으로 바뀌었다고 한다. 하루는 난생 처음 보는 컴퓨터를 뜯고 물로 닦아 사고를 친 적이 있었다. 그러고 나니 책을 봐야겠다는 생각이 들어 그 때부터 목숨 걸고 공부를 시작했다. 학원을 한 번도 다녀본 적이 없이 그는 현재 5개 외국어를 한다. 그가 외국어를 배운 방법은 하루에 1문장씩 외우는 것이었다. 이를 위해 그는 집 천장, 벽, 식탁, 화장실 문, 사무실 책상 등 가는 곳마다 영어 문장을 붙이고 외웠다. 이렇게 하루에 1문장씩 1년, 2년 꾸준히 했더니 나중엔 회사에 외국인들 올 때 설명도 할 수 있게 되었다고 한다.

그는 지금까지 제안 24, 612건을 하고, 국제 발명특허 62개를 받았다. 이렇게 많은 제안과 특허를 내게 된 동기는 끊임 없는 탐구정신 때문이었다. 어떤 문제를 가지고 하루 종일 사물을 쳐다보고 생각하고 또 생각하면 해답이 나온다고 한다. 어떤 때는 가공기계 개선을 위해 3달 동안 고민하다 꿈에서 해답을 얻어 해결하기도 했다고 한다.

그러나 그는 천재가 아니다. 남들이 머리가 나쁘다고 하여 '새대가리'라는 별명을 가지고 있다. 그는 우리나라에서 1급 자격증 최다 보유자지만 국가기술자격 학과에서 9번 낙방, 1급 국가기술자격에 6번 낙방했다. 2종 보통운전면허 시험에서도 5번 낙방하고 창피해서 1종으로 전환하여 5번 만에 합격했다. 결국 오늘날 그가 성공하게 된 것은 모든 일을 목숨 걸고 노력했기 때문이다. 실제로 그는 "25년간 새벽 3~4시에 일어나 남보다 더 공부하고 일한 덕택이다"라고 밝혔다.

이러한 처절한 삶은 그에게 훈장 2개, 대통령 표창 4번, 발명특허 대상, 장영실상 5번을 거쳐 초정밀 가공분야 명장으로 추대되도록 해주었다.


김규환 씨는 쓰러져 다시 일어날 때마다 성공을 향하여 전진했으며, 점차 시련을 극복하는 속도도 빨라지기 시작했다. 그는 공교육을 제대로 받지 못했지만 오로지 자기계발을 통하여 하고 싶은 것은 해버리고, 되고 싶은 것은 되어 버렸다.

장승수 씨라는 이름을 아는 사람은 그렇게 많지 않을 것이다. 그러나 막노동 꾼에서 서울대 수석입학자가 된 사람이라고 하면 대부분이 안다. 장승수 씨는 이러한 이력 이외에도 포크레인 조수, 오락실, 가스, 물수건 배달, 택시기사, 공사장 막노동꾼 등을 전전하면서 서울대학교 인문대학에 수석 합격했고, 사법시험에도 합격했으며, 지금은 프로복싱 테스트에 통과하여 프로복싱 선수로 활동하고 있다.

장승수 씨는 일찍 아버지를 여의고 어려운 가정 형편 때문에 대학을 일찌감치 포기하고 술집으로 당구장으로 돌아다니면서 고교 시절을 보냈다. 그리고 고등학교를 졸업한 후에도 집안의 생계를 책임지기 위하여 힘들고 어려운 직업들을 전전하면서 변화를 꿈꿨다. 그리고 결국 배우지 못하면 어려운 생활을 하며 지독하게 가난하게 살 수밖에 없다는 생각에 대학 진학을 생각하게 되었다고 한다. 그도 공부가 어렵다고 생각했지만 그래도 해본 일 중에서는 성공을 하기에 가장 쉬웠다는 한다. 또한 지금까지 해본 것 중 가장 재미있었던 것이 공부라며 책을 뒤적이다가 몰랐던 것을 깨달았을 때 느끼는 기쁨이 그 어떤 것보다 좋았다고 한다.


우리는 살아가면서 배워야 할 것이 산더미처럼 많다. 또한 수없이 많은 장애물들과 마주쳐야 한다. 그러한 한계를 이겨내고 앞으로 나아가기 위해서는 다시 신발끈을 고쳐 매고 새로운 출발점에서야만 한다. 그것을 만드는 것은 긍정이다. 미래를 긍정하고, 현재를 긍정하고, 나를 긍정해야 행복을 향한 출발점에 설 수 있다. 긍정이 중요한 이유는 바로 여기에 있다.

비전을 가져야
행복하다

4장

비전을 가져야 행복하다

## 비전이 있어야 인생이 행복하다

비전이 없다는 것은 죽은 것과 다를 바가 없다. 비전이 있으면 정확한 목표가 있다. 목표를 달성하는 일은 고되고 힘들어도 즐겁다. 그러나 비전이 없으면 목표가 없어 재미가 없다. 또한 억지로 해야 한다는 수동적인 자세로 일을 대하기 때문에 성과도 따르지 않는다. 다음의 이야기를 한 번 보자.

미국 샌프란시스코에 있는 리츠칼튼 호텔에서 있었던 일이다. 리츠칼튼 호텔에는 근무하는 사람이 매우 많았다. 그중에서 방을 청소하는 역할을 담당한 버지니아 아주엘라라는 사람이 있었다. 대부분의 사람들은 굳은 일이나 하는 청소부라고 무시했지만 그녀는 자신의 일이 손님들에게 깨끗한 환경을 제공하여 기쁨을 주는 일이라고 생각하고 즐거워했다. 그녀는 자기 일에 긍정적인 생각을 가지고 손님들에게 자신만의 독특한 방법으로 감동을 주자는 비전을 가지게 되었다. 그래서 자신이 서비스한 객실 고객들의 특성과 습관을 일목요연하게 정리하여 그 고객이 다시 방문했을 때 취향에 맞는 객실 서비스를 제공하여 고객들에게 감동을 선사했다. 그 후 그녀는 호텔 종사원에게 주어지는 가장 영예로운 상을 수상하게 되었다.

만약 남들이 생각하는 대로 굳은 일이나 하는 청소부라며 자신을 창피하게 생각하거나 쑥스러워했다면 그녀는 평생 힘든 청소부 일만 했을 것이다. 그리고 자신의 힘든 인생을 비관만하면서 살아갔을 것이다. 그러나 그녀는 똑같은 청소부 일이었지만 손님을 즐겁게 하는 것이 가치 있는 일이라고 생각하고 그들을 즐겁게 해야겠다는 비전을 가졌다. 비전을 가지고 청소를 하니 일 자체가 행복을 가져다주었다. 뿐만 아니라 구체적인 전략을 갖고 손님들에게 감동을 줄 수 있는 방법을 실천함으로써 가장 영예로운 상도 받을 수 있었다.

당신은 비전이 주는 행복을 느껴 보았는가? 아직 느껴보지 못했다면 비전을 가져보라. 내일 아침이 유난히 찬란해 보일 것이다.

## 비전 없는 사람이 가장 불쌍한 사람이다

미국에서 태어난 헬렌 켈러(1880~1968)는 세상에 태어난 지 9개월 만에 큰 병을 앓았다. 그로 인해 시력을 잃었고, 귀로는 들을 수 없었으며, 입으로는 말도 할 수 없는 '삼중고'의 가련한 장애인이 되고 말았다. 그녀는 이러한 장애에도 불구하고 하버드 대학을 졸업했으며 유명한 저서까지 남겼다. 헬렌 켈러는 자신의 불행에 좌절하지 않고 불가능을 극복하여 장애인들에게 큰 힘과 용기를 주었다. 그 결과, 타임(TIME)지는 헬렌 켈러를 '20세기 가장 위대한 100명의 인물'에 선정하기도 했다.

헬렌 켈러는 "가장 불쌍한 사람은 시력은 있지만 비전이 없는 사람"이라고 말했다. 이는 꿈이 없는 사람은 시력을 잃은 것보다 불쌍하고, 말을 못 하는 것보다 불쌍하고, 듣지 못하는 것보다 불쌍하다는 것을 의미한다. 반대로 이 말은 장애를 가졌더라도 비전만 있으면 행복하다는 것을 의미한다.

비전이 있는 사람과 비전이 없는 사람은 간단히 구분 같지만 실제로는 엄청난 차이를 가져온다. 다음의 이야기를 보자.

A와 B는 S대학 사범대학교 동창생이었다. A는 단순히 교사가 되고 싶다는 생각에 사범대학을 진학한 것이고, B는 대학원을 진학한 후 박사를 해서 교수가 되고 싶다는 비전을 가지고 사범대학에 진학했다. 결국 A는 졸업하고 원하던 교사가 되었다. 그러나 B는 자기의 비전인 교수가 되기 위하여 대학원에 진학했고, 박사과정에 들어가서 7년이란 세월을 더 공부했다.

A는 B의 노력이 부질없어 보이는 듯했다. A는 B에게 고생하지 말고 자기처럼 현실과 타협하기를 권고했다. 그러나 B는 자기의 삶을 고생이라고 생각지 않았다. 그는 오히려 자기의 비전이 확실하기 때문에 꿈을 실현해 가는 과정이라고 즐거워했다. 결국 B는 원하는 교수가 되었다.

이들 두 친구는 중년이 되어서도 자주 만났다. 둘은 교육현장에 있기 때문에 교육의 문제점을 너무나 잘 알고 있었다. 그러기에 교육의 현안 문제들을 해결하여 세상을 변화시키고 싶은 욕망이 생겨났다.

A는 자신의 욕망을 실현하려고 노력했지만 자신이 가르치는 학생과 학부형 그리고 주변의 동료 선생님들에게 자신의 비전을 알리는 것이 고작이었다. A는 자신의 욕망을 실현시키려면 오랜 세월이 걸린다는 것을 알고 평범하게 늙어가기로 결심했다. A는 안정되고 편안했지만 비전이 없었으므로 직장생활에

점점 싫증을 느끼게 되었다. 결국 A는 평범한 교사로서 만족하며 정년을 맞이하여 사람들의 뇌리에서 잊혀져가고 있다.

반면에 B는 교육문제를 해결하기 위한 자신의 비전을 주변에 알릴 뿐만 아니라 정부에 제안하거나 연구와 저서를 통해서 문제를 지적하고 해결방법을 제안했다. 사람들은 B의 견해에 주목했고 그의 이야기를 듣고자 하는 사람이 늘어났다. 결국 B는 교육계에서 덕망 높은 학자로서 정년을 맞이할 수 있었다. B는 퇴직 후에도 사회에 공헌한 일들로 인하여 끊임 없이 사회로부터 손짓을 받고 있으며 지금도 바쁜 생활을 구가하고 있다.


A와 B의 차이가 무엇일까? A는 비전이 없었거나 작았다. 그러나 B는 비전이 있었으며 컸다는 것이다. 시작은 같았지만 이처럼 비전의 유무나 크기의 차이에 의하여 우리의 인생은 극명하게 차이가 만들어진다.


## 행복은 비전이 잉태한다


행복은 우연히 찾아오는 것이 아니라 준비하는 사람의 것이라는 말이 있다. 행복을 기대하지 않는 사람에게는 행복이 찾아와도 행복인지를 모르고 지나가는 경우가 많다.

일본인들이 많이 기르는 관상어 중에 '코이(KOI)'라는 잉어가 있다. 이 관상용 잉어를 작은 어항에 넣어 두면 5~8센티미터밖에 자라지 않지만, 아주 커다란 수족관이나 연못에 넣어 두면 15~25센티미터까지 자란다고 한다. 그러나 강물에 방류하면 90~120센티미터까지 성장한다고 한다. 놀랄 만큼 성장할 수 있는 코이가 어항 속에서 조무래기가 되는 이유는 어떤 환경에서든 쉽게 적응해버리기 때문이다. 익숙해진다는 것은 이렇게 무서운 것이다. '코이'는 자기가 숨 쉬고 활동하는 세계의 크기에 따라 조무래기가 될 수도 있고 대어가 되기도 하는 것이다.

비전이란 '코이'라는 물고기가 처한 환경과 같다. 더 큰 비전을 꿈꾸면 더 크게 자랄 수 있다. 행복한 삶 역시 항상 커다란 비전과 함께 시작된다. 코이의 크기를 결정하는 것은 비록 환경이지만 어떠한 환경을 선택할 것인가 하는 것, 즉 우리 스스로를 어항에 머물도록 할 것인지 커다란 강으로 인도할 것인지 결정하는 것은 바로 우리 자신이다.

하지만 비전을 찾는 것은 쉬운 일이 아니다. 비전과 목표는 누군가가 나에게 쥐어줄 수도 있고, 스스로 세울 수도 있다. 한 번도 비전을 어떻게 찾아야 하는지를 배워본 적이 없는 사람에게는 비전을 달성하는 것 이상으로, 자신의 비전을 찾는 방법을 아는 것이 쉽지 않다. 자신의 비전을 좀 더 쉽게 찾고 실천하는 데 필자는 다음과 같은 방법을 권하고 싶다.

먼저 비전은 현실적이어야 한다. 희망적인 단어들의 나열이라면 현실과 동떨어질 수밖에 없다. 행복하기 위해서는 자신이나 조직의 현실을 정확히 인식하고 미래에 대한 변화 방향을 인식하고 비전을 수립하는 것은 매우 중요하다. 예를 들면 '나는 무엇이 되는 것이 좋을까?', '나의 적성에는 어떤 일이 가장 맞을까?', '내가 가장 잘 알고 쉽게 접근할 수 있는 일은 무엇일까?', '지금 하는 일에 대하여 좀 더 폭 넓은 지식을 얻기 위해서는 어떻게 해야 할까?', '지금 하는 일과 어떤 일을 병행하면 더욱 효과적일까?', '미래에는 어떤 일을 하면 좋을까?' 등에 대한 충분한 사고를 통하여 자신에게 맞는 비전을 세워야 한다.

비전을 세웠다면 그 비전을 달성하기 위하여 어떤 종류의 노력이 얼마만큼 필요한가라는 정확한 목표를 세워야 한다. 정확한 목표에 부합하는 구성 요인들을 계획하고 분석하면 그만큼 목표를 잘 달성할 수 있다. 따라서 정확한 목표를 설정하기 위해서는 '내가 행동을 취했을 때 나타나는 결과가 무엇인가?', '목표를 달성했을 때의 성과는 구체적으로 어떻게 될 것인가?', '목표 달성에 대한 구체적인 날짜와 시간은 어느 정도 필요한가?', '목표 달성에 대한 재정, 인적자원, 물적 자원은 어느 정도 필요한가?', '목표 달성을 위해 투여한 자원들에 비하여 얻은 것은 얼마나 되는가?'에 대하여 고려해야 한다.


## 비전이 커야 행복도 크다


비전의 크기를 잡는 것은 우리의 마음이다. 비전은 크게 잡을 수도 있고, 작게 잡을 수도 있다. 사람들은 자신이 처음 시작하는 시점에서는 꿈을 작게 잡는 경우가 많다. 그러나 옛말에 "호랑이를 그리려다 못 그리면 고양이를 그리고, 고양이를 그리려고 하면 아무 것도 못 그린다"는 속담이 있다. 이는 꿈을 크게 그리면 비전을 다 실행하지 못하여도 상당히 근사치까지 가나 비전이 작으면 결국 실패할 확률이 높다는 뜻이다.

비전을 설정하기 위하여 투여해야 하는 노력은 큰 비전이나 작은 비전이나 같다. 그러니 이왕 노력을 들일 바에는 꿈을 크게 그려 보라. 역사 속에서는 커다란 비전을 가져 자신의 행복은 물론 세계를 변화시킨 인물들이 많다. 그 중에서도 칭기즈칸만큼 커다란 꿈을 그리고 이를 실현시킨 사람은 많지 않다.

칭기즈칸은 〈워싱턴포스트지〉 지에서 '세계를 움직인 가장 역사적인 인물' 중 첫 번째로 뽑히면서 역사 속에서 새롭게 다시 등장했다. 그는 혹독한 역경을 딛고 일어서서 개방적이면서도 카리스마가 넘치는 리더십을 가지고 세계를 지배했으며 그가 세운 세계 정벌 기록은 누구도 깨기 어려울 정도다.

하지만 이것이 그냥 이루어진 것이 아니다. 수많은 역경과 고난을 거치면서 그는 준비된 리더로 자리를 잡아갔다. 그는 개방적 사고로 능력만 있으면 노예나 외국인을 가리지 않고 중용했고, 성과가 있는 장병에게는 똑같이 상을 나누어 주었다. 황제였지만 황궁을 짓지 않고 천막에서 비단 옷을 입지 않고 백성들과 같은 생활을 했다. 국민들에게는 아버지와 형으로서 나라를 통치했다. 가족이나 삼촌들도 법을 어기면 엄격하게 법을 적용했으며, 항복하는 나라에게는 우방이 되었으나 저항하는 나라에게는 잔혹한 정벌자가 되었다.

그러나 이러한 리더십보다 더욱 강력했던 것은 커다란 비전을 소유했다는 것이다. 칭기즈칸은 일찍이 과거에도 없었고 누구도 생각하지 못했던 대단한 비전의 소유자였다. 자신의 목표를 공동의 목표로 만들고, 달성하기 무섭게 곧 새로운 공동 목표를 만들어 쉬지 않고 달리도록 그의 부족을 이끌었다. 그 비전은 나라를 만드는 것, 주변 국가로부터의 위협을 없애는 것, 아예 중원을 경영하는 것, 나아가 천하를 통일하는 것, 그리고 마침내 중국 땅을 넘어 사람이 살고 있는 모든 땅으로 계속 커졌고, 그 꿈들을 하나씩 실현시켜 나갔다.

칭기즈칸은 자신의 꿈을 실현하기 위하여 병사들과 백성들에게 멀티 플레이어가 되어야 적은 인원으로 멀리 있는 큰 나라들을 정벌할 수 있다고 가르쳤다. 그리고 빠른 속도를 낼 수 있는 기마병 위주로 군을 편성하고, 멀티 플레이어 장병들을 육성하여 세계 정벌의 꿈을 이루어냈다.

만약 칭기즈칸이 유목민의 아들로서 목동으로 크겠다는 비전을 가졌다면 그는 목동이 되었을 것이다. 그러나 세계를 정복하겠다는 커다란 비전을 가졌기 때문에 그는 세상을 정복하여 세계 역사상 가장 위대한 정복자가 되었다.

비전을 가지고 있는 사람은 그 비전을 이루기 위한 출발을 해야 한다. 그 비전을 성취하기 위한 출발점은 항상 현재이다. 인생의 최종 목적을 확정한 사람은 현실로 돌아와서 현재의 상황을 분석하고 새로운 출발을 해야 한다. 비전이 크면 클수록 현실에 더욱 충실해야 한다. 실제로는 게으르고 나태하면서 "무언가 큰일을 이룰 수 있을 거야"라고 생각하는 사람은 비전을 가진 사람이 아니라 망상에 사로잡혀 있는 사람이다.

## 비전은 삶을 춤추게 한다

영국의 데이비드 리빙스턴(1813~1873)은 선교사이자 지리학자, 탐험가로 알려져 있다. 그는 선교사가 되기 위해 의학과 신학을 공부한 사람이었다. 그는 "비전을 가진 사람은 그것을 달성할 때까지는 절대로 죽지 않는다"고 말했다. 그의 삶은 실전에서도 그랬다.

그는 어린 시절 매우 가난했다. 그래서 방적공장에서 방적공이 되어 돈을 벌게 되었다. 그는 매일 반복되는 삶 속에서 희망을 찾을 수 없었다. 그러나 환경에 굴복하지 않고 자신의 장래에 대해 생각해 보았다. 희망이 없는 지금의 삶에서 벗어나 할 수 있는 새로운 일로는 무엇이 있을까 고민하다가 중국에 의료 선교사가 필요하다는 말에 마음이 끌렸다. 그래서 선교사가 되어야겠다는 목표를 가지고 대학에 진학하여 의학공부를 하게 되었다. 그러면서 선교사가 되는 공부도 병행하여 선교사가 되었다.

그러나 영국과 중국 사이에 제1차 아편전쟁(1840~1842)이 발발해 더 이상 선교사를 보내지 않게 되었다. 결국 그는 오랫동안 꿈꾸어온 선교사의 꿈이 좌절될 수밖에 없었다. 그러나 그는 꿈을 접지 않고 남아프리카에서 선교사로 헌신하게 됐다. 그는 남아프리카의 여러 곳을 탐험하며 선교활동을 했다. 하지만 12년 동안의 노력에도 불구하고 단 한 명의 신도밖에는 얻지 못했다. 그는 능력 없는 선교사인 자신에게 환멸을 느끼게 되었고, 4년간 탐험하지 않은 지역으로 4,000마일을 여행했다.

그는 열악한 환경 때문에 항상 질병에 시달렸으며 그의 동료들도 잃었다. 그러나 그의 행복에 대한 의지는 그 어떤 난관도 굴복시키지 못했다. 그는 4년간 남들이 가지 않았던 아프리카 횡단을 마치고 고향에 돌아가 영웅대접을 받았다. 그는 다시 옥스퍼드 대학에서 법학 박사학위도 받았고, 《선교여행과 남아프리카 탐험》(1857)이란 책을 써서 아프리카에 들어 갈 수 있는 안내서를 제공했으며, 이 책은 베스트셀러가 되었다. 이처럼 데이비드 리빙스턴은 방직공, 선교사, 탐험가, 법학자, 베스트셀러 저자 등 남들은 한 가지도 제대로 못하는데 여러 분야에서 성공한 행복한 인물이 되었다.


일본에서 가장 성공한 인물을 꼽으라면 누가 뭐라고 해도 손정의(1957~)를 들 수 있다. 그의 삶 또한 비전을 좇아 성공한 대표적인 사례라 할 수 있다.

재일교포 손정의는 일본사회는 물론 전 세계를 깜짝 놀라게 하는 디지털 시대의 영웅이다. 일본 언론은 그를 '일본의 빌 게이츠'라고 부른다. 그러나 빌 게이츠는 그에게 더 이상 선망의 대상이 아니다. 오히려 빌 게이츠는 그가 꿈꾸는 세상을 만들기 위한 협력자에 불과하다.

일본에서 태어나고 자란 그를 빌 게이츠를 능가하는 디지털 전쟁의 영웅으로 만든 것은 잡지에 게재된 IC(직접회로)칩의 사진 한 장이었다. 일본 규슈지방의 한 고등학교 2학년이었던 그는 그것을 보고 더 이상 배울 것이 없다고 느끼고 가족들의 맹렬한 반대에도 불구하고 미국으로 건너간다. 미국 고등학교에 들어간 그는 2주일 만에 고등학교 과정을 마친 후 캘리포니아의 버클리 대학에 입학한다.

그 후 그는 하루에 한 건씩 연간 250건의 발명을 하겠다는 허황된 결심을 한다. 그러나 그것은 결코 허황된 것이 아니었다. 19살 때 음성번역기를 개발하여 일본의 대표적인 정보통신회사인 샤프, 마쓰시타와 첫 번째 비즈니스를 체결한다. 마쓰시타가 미친놈이라고 거들떠보지도 않았던 그의 발명품은 샤프에 의해 세상의 빛을 보게 된다. 100만 달러의 특허료를 샤프로부터 받아 쥔 그는 곧바로 귀국해 24살의 나이에 동경에 소프트뱅크를 설립한다. 창업 첫날 그는 사과 궤짝 위에 올라서서 아르바이트 직원 2명이 전부인 사원 앞에서 첫 번째 조회를 열고 다음과 같은 비전을 밝힌다.

"우리 회사는 5년 이내에 100억 엔, 10년 후에는 500억 엔, 그리고 앞으로 1조 엔대의 기업이 될 것이다."

결국 그는 15년 만에 소프트뱅크를 131억 엔(한화 약 1,048억 원)에 달하는 이익을 내는 세계적인 기업으로 성장시켰다. 그리고 그는 2,000억 엔이 넘는 자산을 소유한 디지털 시대의 영웅이 되었다.

평범한 사람이라면 한 가지의 행복을 이루고 그 자리에 머물려 하지만 데이비드 리빙스턴이나 손정의는 한 가지 분야도 아닌 여러 분야에서 최고가 되었다. 데이비드 리빙스턴은 비전을 준비할 때마다 역경이 찾아왔지만 포기하지 않음으로써 비전을 가진 사람은 그것을 달성할 때까지 절대로 죽지 않는다는 것을 실천적으로 보여준 사람이었다. 손정의도 남들은 알아주지 않았지만 자신만의 비전을 가지고 꾸준히 실천해 결국은 꿈을 이룬 행복한 사람이었다. 아마도 데이빗 리빙스턴나 손정의의 행복의 원동력은 항상 비전을 세우고, 그 비전을 실현하면서 느낀 희열, 즉 삶을 춤추게 하는 기쁨이 있었기 때문에 가능했으리라.

# 비전은 차별이 없다

비전을 세우는 데는 연령과 성별의 차이가 없다. 즉 비전은 누구든 세울 수 있다. 또한 어떠한 비전을 세워도 된다. 그러나 나이 든 사람들은 이 나이에 무슨 비전을 세우느냐고 말할지도 모른다. 그러나 많은 나이에도 불구하고 비전을 세워 행복해진 사람은 무수히 많다.

세계적 패스트푸드 체인점인 KFC 매장에 가본 적이 있는가. 우리는 매장 입구에서 기분 좋게 웃으며 서 있는 한 노년의 신사를 항상 만날 수 있다. 그가 바로 KFC의 창업자 홀랜드 샌더스다. 그는 어린 시절 어려운 삶을 살았지만 좌절하지 않고 비전을 세워 66세의 나이에 새로운 행복을 얻었다.

홀랜드 샌더스(1890~1980)는 6세에 아버지를 잃고 어릴 적부터 동생들을 돌보다보니 요리를 자주하게 되었다. 가난한데다 어머니마저 재혼하자 그는 결국 초등학교를 중퇴하고 10살부터 생활전선에 나서게 되었다. 갖은 고생 끝에 주유소를 마련한 그는 주유소 뒤편의 창고를 개조하여 닭튀김 요리를 파는 간이식당을 열었다. 40세 때 식당이 번창하자 닭튀김으로 세상을 지배하겠다는 비전을 세웠다.

그는 아예 주유소를 그만두고 음식점에만 몰두하여 성공한 사업가로 변신했다. 그러나 경영악화로 식당을 경매로 잃은 후 66세에 알거지가 되었다. 그는 좌절하지 않고 그의 비전을 실현시키기 위하여 KFC 프랜차이즈를 생각해 내게 되었다. 그는 흰색 캐딜락에 압력밥솥과 튀김 양념을 가지고 다니면서 체인점에 가입시키기 위하여 인근 지역 식당 주인들을 찾아다녔다. 그는 단순히 요리법만 전수하는 데 그치지 않고, 며칠간 그곳에 머물면서 흰색 정장을 하고 손님들에게 자신이 튀긴 닭을 직접 팔기 시작했다. 그러한 샌더스의 열정에 반한 음식점 주인들이 하나둘 계약을 맺기 시작했고, 결국 70세에 200개가 넘는 체인점을 확보하는 데 성공했다.

그는 '죽는 날까지 열심히 일한다'는 비전을 새로 세우고 죽을 때까지 일했다. 그는 자신의 경영능력에 한계를 느껴 회사를 다른 사람에게 팔고 자신은 다시 그 회사에서 월급을 받으며 자문과 홍보 역할을 맡았다. 결국 KFC를 세계적인 패스트푸드 체인점으로 번성시켰으며, 그는 90세까지 열심히 일해 그의 비전을 실현했다.

## 두려워하지 말라

저자는 학교에서 많은 젊은이들을 만난다. 그들에게 꿈이 무어

냐고 물어보면 아예 없거나 깊게 생각해 본 적이 없다는 이야기를 자주 듣는다. 꿈이 없는 사람이 많은 사회나 국가는 희망이 없다. 결국 한국 사회가 건강해지려면 젊은이들이 꿈을 가져야 한다. 그러나 비전 없이, 아무 생각 없이 잘 살고 있는 사람들에게 비전을 가지라고 하면 두려워한다. 비전을 가져보지 않았기 때문에, 또는 비전을 갖기 위하여 어떻게 해야 할지 몰라서 당황한다.

비전을 세우는 것은 무료다, 돈이 들지 않는다. 다만 최소한의 시간이 들 뿐이다. 자신을 믿고 긍정적인 생각을 가진다면 무엇이든 할 수 있다는 생각을 가질 수 있다. 그러면 자연적으로 비전이 생기고, 거기에 도전하고 실현하면서 행복에 이르게 된다.

일반적인 사람들은 살면서 큰 비전을 갖지 않았기에 도전하지 않고 하루하루를 살아가는 데 만족하는 생활을 한다. 때로는 비전을 세웠다가 현실적인 문제나 자신의 나태함으로 인하여 중도에 포기하는 경우도 있다. 그러나 인생을 즐겁게 살기 위해서는 아무 일 없는 평온한 삶의 연속보다는 적당한 긴장감을 가지고 사는 것이 좋다. 자신이 실천할 수 있는 적당한 비전은 자신의 정신과 생활을 건강하게 하는 힘이 된다.

대부분의 사람들은 세상을 살다보면 숱한 고난과 어려움을 겪거나 내 의지와 상관없이 불행의 도전을 받아야 한다. 어느 누구도 그러한 삶을 기대하지 않을 것이다. 그러한 고난과 어려움, 불행에서 벗어나기 위해서라도 비전을 세워야 한다. 비전을 세우는 것이 세우지 않는 것보다 행복에 이르는 확률이 높기 때문이다. 더욱이 비용도 전혀 들지 않는데 비전을 크게 가져보면 어떨까?

하수와 고수가 바둑을 둔다고 가정해 보자. 하수는 무조건 진다는 생각을 가지고 시작하지만 고수는 어떤 일이 있어도 이길 수 있다는 생각으로 바둑을 둔다. 바둑을 둘 때도 하수가 아무리 고민을 하고 나름대로 신중하게 돌을 놓아도 고수의 눈에는 뻔한 수로 보인다. 그러나 그 하수가 포기하지 않고 계속 정진한다면 분명히 고수가 될 것이다. 하지만 하수는 그것을 대단히 힘든 일이고 엄청난 인내를 요구한다고 생각하여 포기하는 경우가 많다.

이처럼 행복한 사람들은 불가능해 보이는 일들을 충분히 이룰 수 있는 일로 판단하는 경우가 많다. 그들은 평범한 사람들과는 다른 안목과 접근 방식을 가지고 있다. 콜럼부스(1451~1506)가 달걀을 세운 것처럼, 정주영 회장이 물막이 공사를 한 것처럼 다른 사람들이 어려워하는 것들을 행복한 사람들은 아주 간단하게 이루어낸다. 그러나 그것은 로또에 당첨되듯 뚝딱 만들어진 게 아니라 오랜 기간 동안 고생하며 준비를 해왔기에 가능한 것이다.

행복한 삶을
위해 필요한 수다

5장

행복한 삶을 위해 필요한 수다

## 수다란 무엇인가?

'수다'를 사전에서 찾아보면 '쓸데없는 말을 해대다'라고 되어 있으며, '수다스럽다'를 사전에서 찾아보면 '불필요한 말을 많이 한다'라고 되어 있다. 결국 수다는 부정적인 의미를 담고 있다는 것을 알 수 있다.

수다란 대화와 같은 의미이기도 한데 대화를 사전에서 찾아보면 '마주 보면서 이야기를 주고 받는 것'이라고 되어 있다. 일반적으로 수다나 대화나 같은 의미지만 대개 수다는 여성들이, 대화는 남성들이 서로 말할 때 많이 사용한다.

이처럼 여성들이 하는 수다를 부정적으로 보게 된 이유는 무엇 때문일까? 정확하지는 않지만 여성의 인권이 열악하거나 사회에서 여성의 역할이 적을수록 여성을 비하하는 표현들이 많았다. 특히 유교적 관념이 지배하던 조선시대에는 "여자는 말을 많이 하면 안 된다", "말소리가 담장 밖으로 넘어가면 안 된다", "여자 셋이 모이면 접시가 깨진다" 등과 같이 여성들의 수다는 금기시되었다. 당시 사회에서는 말을 극도로 아껴 조용하고, 조신한 여자가 대우받는 세상이었다. 이러한 사회에서 여성들의 수다는 당연히 부정적인 의미가 될 수밖에 없었다.

그러나 오늘날 여성이 대통령이 되고, 사회의 리더나 최고 경영자가 여성이 되는 경우가 많아지면서 여성의 인권이 향상되고, 일부에서는 역차별이 발생하기도 한다. 이러한 시점에서 수다는 긍정적으로 인식이 되어 가고 있을 뿐만 아니라 수다를 잘하는 사람이 성공하는 세상이 되고 있다. 어디 그뿐인가. 수다는 스트레스 해소는 물론 건강에도 도움이 되어 행복해지는 데에도 기여하고 있다.

*말도 아름다운 꽃처럼 그 색깔을 지니고 있다.*

*- E. 리스 -*

## 왜 행복에 수다가 필요한가?

우리 인생은 만남의 연속이다. 부모와의 만남으로부터 시작해 또래 집단과의 만남, 선생님과의 만남, 배우자와의 만남, 직장에서 동료나 상급자들과의 만남, 자녀와의 만남 등 살아가면서 수많은 사람들을 만나고, 그들과의 관계 속에서 인생을 살아간다. 이렇게 우리는 태어나서 죽을 때까지 사람과의 만남에서 시작하여 만남으로 끝난다고 해도 과언이 아니다.

그렇다면 사람과 사람을 이어주는 연결고리는 무엇일까? 그것은 바로 의사소통, 즉 대화라고 할 수 있다. 말을 하지 못하는 영·유아기에는 자신의 의사를 부모에게 표현하기 위하여 몸짓과 소리를 사용한다. 아동기가 되면 비로소 말로써 자신의 요구를 부모나 친구에게 전달하고, 상대방을 인식할 수 있는 청소년기가 되면 의사표현의 방법으로 대화를 시작하게 된다.

오늘날 현대사회에서는 아무리 많은 능력을 가졌다 해도 인간관계가 부족하면 생존하기가 힘들다. 결국 인관관계를 어떻게 하느냐가 성공을 결정하는 중요한 변수인 것이다. 따지고 보면 인간관계는 사람 간의 만남이고, 만남은 대화로 이루어지기 때문에 결국 우리의 삶은 대화의 연속이라고 할 수 있다.

우리는 성공적인 인간관계를 원한다면 대화를 잘해야 한다. 실제로 누구나 똑같이 매일하는 대화지만 어떤 사람은 하는 일마다 술술 잘 풀리는 반면, 어떤 사람은 인관관계에 갈등이 생기고 하는 일마다 잘못되는 경우가 있다. 그 이유에는 여러 가지가 있을 것이다. 하지만 그중 가장 중요한 요인을 꼽으면 바로 대화능력 때문이 아닐까 싶다.

최근 들어 다양한 매스컴의 증가로 수다를 잘 떠는 사람이 크게 각광을 받고 있는 추세다. TV에서 방송되는 대부분의 예능 프로그램은 유명한 사람들이나 사연을 가진 사람들의 수다로 채워지고 있다. 한때 수다는 우리 사회에서 하찮은 것이나 쓸모 없는 것으로 여겨졌다. 그러나 이제는 성공하기 위해 갖추어야 할 필수적 능력으로 인정받고 있다.

하지만 수다를 잘못 떨었다가는 돌이킬 수 없는 실수를 범하거나 사회에서 매장될 수도 있다. 따라서 효율적으로 수다를 떠는 방법과 원리를 알아둘 필요가 있다. 그러면 자신은 물론 남들에게도 행복을 줄 수 있을 것이다.

# 말을 잘한다고 수다를 잘하는 것은 아니다

'말'이란 무엇일까? 사전에서 찾아보면 사람의 생각이나 느낌을 입으로 나타내는 소리 또는 그 행위나 내용을 의미한다. 말을 영어로는 스피치(speech)라고 한다. 스피치의 사전적 의미는 말하기, 말씨, 말투, 발언, 화법 또는 말하는 능력을 통칭하는 말이다. 넓은 의미로는 연설, 웅변, 토론, 토의, 회의, 좌담, 수다, 화술, 화법, 커뮤니케이션 등에 이르기까지 그 범위가 매우 넓다.

일반적으로 '말'은 주어진 시간과 장소에서 다수의 사람을 대상으로 기술적으로 말하는 것을 뜻한다. 따라서 스피치는 인간이 생활하는 데 있어서 자기표현의 수단이며, 경쟁의 시대에 생존할 수 있는 무기이기도 하다.

'대화'는 사람들이 마주 보고 이야기를 주고받는 것을 말한다. 영어로는 '커뮤니케이션'이라고도 한다. 커뮤니케이션은 사람의 언어나 몸짓이나 화상(畵像) 등의 외형적 기호를 매개 수단으로 하여 정신적·심리적인 전달 교류 작용을 말한다. 어원은 라틴어의 '나누다'를 의미하는 'communicare'이며, 신(神)이 자신의 덕(德)을 인간에게 나누어준 데서 본래의 뜻이 시작되었다고 한다. 오늘날 커뮤니케이션은 어떤 사실을 타인에게 전하고 알리는 심리적인 전달의 뜻으로 쓰인다.

그렇다면 '수다'란 무엇일까? '수다'를 국어사전에서 찾아보면 쓸데없이 말수가 많은 것을 의미하지만, '수다를 떨다'는 '담화를 주고받다', '이야기를 나누다', '대화를 하다'라는 말로 표현하고 있다. 결국 수다는 '말'보다는 '대화'와 가깝다. 말과 스피치가 상대방의 반응과는 무관하게 일방적이라고 한다면, 수다나 커뮤니케이션은 사람이 가진 정보, 지식, 생각, 아이디어, 제안을 상대방에게 언어나 몸짓이나 기호를 통해 전달하는 일련의 과정을 뜻한다.

따라서 말을 잘한다는 것은 남들에게 부러운 항목은 될 수 있겠지만 상대방에게 좋은 결과를 얻는다고는 할 수 없다. 반면 수다를 잘한다는 것은 자신이 가진 정보, 지식, 생각, 아이디어, 제안을 어떻게 하면 잘 전달해서 원하는 결과, 즉 수락이나 동의 선택하게 하는 것이라 할 수 있다. 결국 말을 잘한다고 해서 꼭 수다를 잘하는 것이 아니라는 것을 알 수 있다. 말은 상대방의 반응과는 무관하게 화자가 일방적으로 하는 것이지만 수다는 상대방의 반응을 고려하면서 하는 것이기 때문이다.

# 수다와 대화의 차이

······················

  의사소통 방법 중에서 가장 일반적이고 가장 많이 사용하는 방법이 바로 대화다. 수다도 대화의 일종이지만 사람들은 수다와 대화를 굳이 구분하려고 한다. 그러나 이 둘을 명확히 구분하기란 쉽지 않다. 수다를 대화와 굳이 구분하려 한다면 수다가 대화보다 저급하거나 가볍다고 생각하는 데서 출발해야 한다. 과거에는 수다를 부정적으로 생각했기 때문이다. 그러나 사회가 발전할수록 수다를 대화의 일부 또는 같은 의미로 사용하는 경향이 뚜렷해지고 있다.

  굳이 수다와 대화를 구분하면 다음과 같은 차이점이 있다.

- 대화와 수다의 차이를 구분할 때 가장 많이 따지는 것이 진지함의 정도이다. 일반적으로 대화는 이야기 내용이 무겁고 진지한 것을, 수다는 가볍고 진지하지 못한 것을 말한다. 그래서 대화는 업무나 회의에서 사용하는 데 반해, 수다는 인간관계나 친목에서 사용한다.
- 화자가 누구냐에 따라서 구분한다. 일반적으로 나와 관련된 일이나 나의 이야기를 나누는 것은 대화, 나와 관련이 없거나 제3자에

대한 이야기를 다루면 수다일 가능성이 크다.

- 상호작용 방법으로 구분한다. 의견을 말하고 그것에 대한 상대방의 의견이 있으면 대화, 의견을 말하고 상대방의 의견보다는 '와!', '정말?', '그래?', '진짜?', '그렇구나!' 와 같은 반응이 많으면 수다일 가능성이 크다.

- 주제를 다루느냐 소재를 다루느냐로 구분한다. 대화는 '주제'를 가지고 의사소통을 하지만, 수다는 주제보다는 '소재'를 가지고 의사소통을 한다.

- 결론의 유무로 구분한다. 대화는 이야기를 나누고 나서 결론이나 얻는 것이 뚜렷하게 있지만, 수다는 결론 없이 끝난다.

- 의사소통이 끝나고 얻는 것을 가지고 구분한다. 이야기가 끝나고 무언가 남는 것이 있으면 대화이고, 수다는 이야기가 끝나고 나면 허무하거나 괜히 얘기했다는 생각이 든다.

- 목소리의 크기와 속도로 구분한다. 대화는 일반적으로 목소리의 크기와 속도가 일정하지만 수다는 목소리가 크고 속도가 빠르다.

- 말의 순서로 구분한다. 말을 할 때 한 번 말하고 한 번 들어주는 것과 같이 쌍방향으로 진행되면 대화지만, 수다는 남이 들어주든 말든 일방통행으로 진행된다.

- 듣는 사람에 의해서 구분한다. 대화는 모든 사람이 경청하지만 수

다는 듣는 사람들이 주의 깊게 듣지 않아도 아무런 문제가 없다.

수다와 대화를 정확하게 구분 짓기는 쉽지 않다. 이제 수다는 대화와 크게 구분 짓지 않고 사용하는 시대가 되었다. 오히려 대화보다는 수다를 잘하는 사람들이 더 성공하고 인정받는 시대가 되었다.

## 수다에 대한 남자와 여자의 차이

사람은 남자와 여자로 구분된다. 같은 사람이지만 여러 가지 면에서 생각은 물론이거니와 수다에 대한 생각도 다르다. 둘 사이에 따른 수다에 대한 생각의 차이를 보면 다음과 같다.

• 생물학적으로 차이가 있다

미국의 한 조사를 보면 남자들은 하루에 7천 단어 정도를 사용하지만, 여자들은 하루에 2만 단어를 사용한다고 한다. 이는 미국 기준이므로 과묵한 대한민국 남자들은 그보다 훨씬 적을 것이다. 어쨌든 말수가 적은 남자들보다는 말수가 많은 여자들이 수다를 잘할 수밖에 없다.


### • 심리적으로 차이가 있다

남자들은 일반적으로 남에게 자신의 모든 것을 밖으로 드러내려 하지 않는다. 또한 상대방에 대해서 모든 것을 알고 싶어 하지도 않는다. 반면 여자들은 자신의 모든 것을 드러내기 좋아하며, 상대방의 모든 것을 알고 싶어 한다. 남자들은 처음 만난 사람과 친해지는데 시간이 걸리지만 여자들은 공감대만 형성되면 시간에 구애받지 않고 어느 누구나 금세 친해질 수 있다. 그렇기 때문에 수다는 남성들에게는 좀 부담스럽지만 여성들에게는 매우 필요한 것이다.


### • 내용면에서 차이가 있다

수다는 일반적으로 "뭘 먹을까?", "어디서 만날까?", "뭐 먹었니?",

"음식 맛이 어땠니?"와 같이 가볍고 시시껄렁한 내용들이 많다. 또한 배우자 흉보기, 시부모 흉보기, 자식 자랑하기, 친구 이야기, 쇼핑한 이야기, 여행을 다녀온 이야기, 상사 욕하기, 연예인 씹기가 주된 주제가 된다. 여성들은 감성적이기 때문에 머리 아픈 이야기보다는 가볍고 시시껄렁한 이야기를 좋아한다. 반면에 남자들은 감성적인 부분보다는 이성적인 쪽에 관심이 많기 때문에 중요한 말과 행동만을 하게끔 프로그램화 되어 있다. 그렇기 때문에 대부분의 남자들은 시시껄렁한 이야기를 못하거나 필요 없는 것으로 생각한다.

• 스트레스 해소방법에 차이가 있다

여자들은 스트레스를 받거나 감정이 억눌리면 그것을 풀기 위해 적극적으로 반응한다. 그 방법은 매우 다양한데 운동을 하거나, 맛있는 음식을 먹거나, 수다를 떠는 행위를 한다. 반면 남자들은 정서적인 스트레스를 해결하거나 억눌린 감정을 해소하는 데 무척 서툴다. 그래서 외부로 표현하기보다는 혼자서 이겨내려고 하는 것이다. 이러한 원인은 과거 강인하고 무뚝뚝한 남자로 키우려는 사회적 분위기에서 비롯되었다. 가장으로서 한 가정을 이끌어 가거나 전쟁에 참여해야 했기 때문이다. 결국 이러한 분위기 속에서 자란 남자들은 점차 성격으로 굳어지게 되었다. 그러나 이러한 성격은 현대에서는 더 이상 적합하지 않다.

최근 성공하는 사람들의 특징으로 수다를 잘하는 것이 보편화되면서 수다를 가르치거나 업으로 삼는 사람까지 등장했다. 이제 수다는 여성들만의 전유물이 아니라 생존과 성장, 발전의 무기이자 도구가 되고 있다.

## 수다의 노하우

수다를 잘하면 모든 일이 술술 풀리지만, 잘못하면 될 일도 꼬이는 경우가 있다. 심지어는 잘되어 가던 일도 수포로 돌아가는 경우도 있다. 수다를 잘하기 위해서는 먼저 내가 하는 말 한마디의 위력이 얼마나 큰지 알아야 한다. 말 한마디의 위대함을 알려주는 다음의 문구를 보자.

부주의한 말 한마디가 싸움의 불씨가 되고
잔인한 말 한마디가 삶을 파괴합니다.
쓰디쓴 말 한마디가 증오의 씨를 뿌리고
무례한 말 한마디가 사랑의 불을 끕니다.
무시하는 말 한마디가 고통을 주고
저주의 말 한마디가 죽음을 가져오게 합니다.
은혜스런 말 한마디가 길을 평탄하게 하고
힘 있는 말 한마디가 희망을 불러일으킵니다.
배려하는 말 한마디가 인생의 의미를 알게 해주고
격려하는 말 한마디가 고마움을 알게 해줍니다.
칭찬하는 말 한마디가 자신감을 주고
양보하는 말 한마디가 존경하는 마음을 갖게 해줍니다.
즐거운 말 한마디가 하루를 빛나게 합니다.
때에 맞는 말 한마디가 긴장을 풀어 주고
사랑의 말 한마디가 축복을 줍니다.


이처럼 우리가 하는 말 한마디는 엄청난 위력을 가지고 있다. 수다를 잘하면 축복이지만 수다를 잘못하면 상대방을 죽일 수도 있다는 것을 알고 한마디 한마디에 신중을 기해야 한다.

수다를 잘하는 사람들은 대개 자신의 수다가 상대방에게 어떤 영향을 미칠 것인가를 고려하고 하는 사람들이다. 수다를 하면서 다음과 같은 질문을 던져 보면 확실한 효과가 있을 것이다.

상대방의 수다는 어떤 의도에서 하는 걸까?

상대방은 나의 수다에 대하여 동의하는 걸까?

상대방과 수다를 하는 목적은 무엇일까?

상대방과 어떻게 하면 편안하게 수다를 떨 수 있는가?

상대방이 나를 받아들이는 데 있어 장애물은 무엇일까?

상대방의 수다에서 내가 동의하는 것은 무엇인가?

상대방의 수다가 나의 의도를 정확히 이해하고 있는가?

상대방이 내가 했으면 하는 말들은 무엇일까?

상대방의 수다에서 내가 아는 것과 모르는 것은 무엇인가?

상대방의 수다에서 내가 알아야 하는 것은 무엇인가?

상대방에게 신뢰감을 얻으려면 어떻게 말을 시작해야 할까?

상대방이 내가 원하는 목표에 도달하게 하려면 어떻게 해야 할까?

상대방이 나의 말에 동조하게 하려면 어떻게 말을 해야 할까?

상대방에게 내가 하는 말이 부담은 되지 않을까?

내가 원하는 방향으로 수다가 진행되고 있는가?

내가 수다를 끝냈을 때 어떤 결과가 나올까?

이러한 질문들을 수다 도중에 자신에게 묻는다면 자연스럽게 수다의 달인이 될 것이다.


## 수다를 잘하는 사람이 성공하는 시대가 왔다


우리나라에서는 서구와 달리 침묵이 강조되는 사회였다. 그래서 옛말에 "침묵은 금이다", "가만히 있으면 중간은 간다"라는 말을 자주 사용했다. 그러나 정보화 사회가 되면서 자신을 잘 표현할수록 대우를 받는 세상이 되었다. 자신이 아무리 가진 것이 많아도 말을 잘하지 못하면 자신이 가진 재능을 남들에게 보여줄 수 없게 된 것이다.

또한 예전에는 침묵만 지키면 2등은 할 수 있었다. 섣불리 잘못 말했다간 망신당한다는 의식이 지배했기 때문이다. 그러나 이제는 말을 잘하는 사람을 사회에서 원하고 있다. 침묵을 지키는 사람보다는 말을 잘하는 사람이 더욱 각광받는 시대가 왔다. 더욱이 방송 매체의 급속한 발달과 보급으로 인해 다른 사람의 이야기를 듣고 싶어 하는 욕구가 더욱 강해지고 있다.

TV에서 방영되는 많은 토크쇼의 대부분은 연예인이나 전문가들을 초대해 일정한 주제 혹은 포괄적인 대상을 중심으로 이루어지는 대화 프로그램이다. 주제는 사람들이 알고 싶어 하는 전문지식, 건강, 음식, 재테크, 여행, 고민, 생각, 상담, 고부갈등, 부부관계, 사는 모습 등 다양하다. 결국 토크쇼도 주제를 가지고 하는 수다와 같다. 굳이 수다와 토크쇼의 차이를 들라면 수다는 일반인들이 하는 데 반해 토크쇼는 인지도가 있는 유명인이나 연예인들이 나와서 한다는 것이다.

## 수다의 달인은 태어나는 것이 아니라 만들어진다

사람들은 말이나 수다를 잘하는 사람을 보면 "저 사람은 원래부터 그랬을 거야.", "저 사람은 태어날 때부터 말을 잘했을 거야"라는 착각을 한다. 그러나 이러한 생각이 정말 착각이라는 사실을 알려주는 유명한 사례가 있다.

영국인들에게 가장 존경하는 사람을 들라면 아마도 처칠(1874~1965)을 꼽을 것이다. 처칠은 영국에 커다란 시련을 안겨준 제2차 세계대전을 성공적으로 이끈 수상이었다. 또한 처칠은 1953년 노벨문학상을 수상한 명필가에 말도 잘하는 명연설가였다. 그러나 처칠은 태어날 때부터 말을 잘하는 사람이 아니었다. 오히려 정말 말을 못해서 문제가 되었던 사람이었다.

처칠은 할아버지가 아일랜드 총독이 되고 아버지 말버러 공작 7세가 그 밑에서 비서로 근무하는 바람에 어린 시절을 아일랜드에서 보냈다. 아버지 말버러 공작 7세는 재무장관 및 하원의 보수당 당수를 역임했으며, 어머니는 뉴욕 타임즈의 최대 주주이자 미국의 부호로 꼽혔던 제롬가의 딸이었다. 그 사이에서 처칠은 태어났다. 이러한 이유로 윈스턴 처칠은 부유한 가정에서 탄탄대로의 인생을 걸을 것 같았다.

그러나 그는 두 달 일찍 태어난 조산아로서 지능발달이 늦어 학교생활에 적응하지 못하고 장난감병정 놀이에 여념이 없는 어린 시절을 보냈다. 그의 아버지는 항상 처칠을 가문의 수치로 여겨 많은 상처를 주었고, 정신착란이 시작된 후에는 더욱 심한 폭언을 서슴지 않았다. 그리고 결국 최악의 관계로 치달았을 때 그의 아버지는 숨을 거둔다. 부유한 미국인이었던 그의 어머니 또한 어린 처칠을 돌보기보다는 자신만의 쾌락을 추구하여 좋지 못한 소문을 몰고 다녔다.

팔삭둥이로 태어난 처칠은 태어날 때부터 몹시 병약하여 어린 시절에는 거의 모든 병을 달고 다녔으며 11살 때는 죽음의 문턱까지 다녀왔다. 결국 그는 숨을 거두는 순간까지 여러 가지 병마의 그림자에서 한순간도 벗어나지 못했다. 체격 역시 왜소해 키는 167cm에 불과했으며, 가슴둘레도 겨우 79cm였다. 그의 이러한 체격적인 왜소함은 크나큰 콤플렉스를 가져다주었다. 무엇보다 놀라운 점은 이 시대 가장 위대한 연설가로 인정받는 그가 혀가 짧았으며, 몇몇 발음들을 제대로 발음하지 못했고, 말더듬증도 갖고 있었다는 것이다.

또한 그는 학창 시절 학업 성적이 거의 꼴찌였다. 성적이 나빠 대학 진학을 못 했으며 육군사관학교를 지원했지만 두 번이나 떨어져 세 번째에야 겨우 합격했을 정도다. 아울러 그는 선거에서 가장 많은 패배를 경험한 정치인으로 기록되어 있다.

그러나 그는 인생을 절대 포기하지 않았다. 그는 짧은 혀로 인하여 발음이 안 되는 단어를 걸을 때마다 연습했고, 수많은 책을 읽으면서 주옥 같은 문장들을 외워 수다에 사용했으며, 무대공포증을 없애기 위해 웅변 기술을 끊임없이 연습했다. 즉석에서 말하는 것이 서툴렀던 그는 미리 연설문 원고를 써서 암기했다. 그는 군에 입대하면서 체력 훈련에 몰두하여 신체적인 허약함을 이겨내려 했으며, 학문에 대한 열등감은 하루 다섯 시간이 넘는 독서와 연구를 통해 자신만의 지식 체계를 이끌어내었다.

그는 자신의 소심한 성격을 이겨내기 위해 전쟁에 참가해서는 가장 치열한 전투에 자진해서 몸을 던졌다. 그는 제1차 세계대전에서는 해군장관에 임명되어 영국 해군을 이끌고 세계대전에 참전하여 막중한 과업을 달성했다. 제2차 세계대전에서는 나치의 위협 아래서도 전 국민들의 역량을 결집하여 영국을 지켜냈다.

그는 이러한 삶의 자세로 영국에서 두 번이나 수상을 지낸 정치가이자 웅변가로 명성을 날렸으며, 바쁜 정치생활 속에서도 많은 강연과 20여 권이나 되는 훌륭한 저서를 집필하여 노벨문학상을 수상했다. 또한 금세기 최초로 왕족 이외에 '국장'으로 장례를 치른, 지금까지도 '가장 위대한 영국인'으로 불리고 있다. 그가 이처럼 험난하고 불행했던 어린 시절을 극복하고 영국을 대표하는 대정치가가 되고 전 세계 사람들에게 존경을 받을 수 있었던 것은 자신의 약점과 모자람을 극복하려고 끊임없이 노력했기 때문이다.

처칠의 경우에서 보듯 말이나 수다를 잘하는 것은 태어나는 것이 아니라 자신의 엄청난 노력의 결과라는 것을 알 수 있다.

## 수다는 안 하면 준다

사람이 혼자서만 세상을 살아가야 한다면 수다는 필요가 없을 것이다. 그러나 사람은 사회적 동물이기 때문에 사람과의 관계없이는 살 수가 없다. 따라서 사람과의 수다는 피할 수 없다. 말을 잘하기 위해서는 많은 수다의 경험이 필요하다. 수다를 하면서 말을 잘하던 사람도 말하지 않는 시간이 길어지면 그 능력을 잃게 된다.

1920년 12월 인도에서 신그라 씨는 가축을 잡아먹던 호랑이를 사냥하러 갔다가 동굴 속에서 늑대 새끼 무리를 발견하게 되었다. 신그라 씨는 늑대 새끼 가운데 끼어 있던 여자 아이 둘을 발견했다. 그 여자아이들은 7, 8세로 보였지만 원숭이의 울음소리를 내며 네 발로 기어 다녔으며, 마치 늑대인 양 물려고 했다. 신그라 씨는 그 아이들을 자신이 운영하던 고아원으로 데려와 아말라와 카말라라는 이름을 지어주고, 인간과 같이 생활하기 위하여 훈련을 했다.

그 후 잘 자라 줄 것으로 믿었던 아이들은 급격한 환경변화에 적응하지 못하고 아말라라는 소녀는 곧 사망했다. 카말라는 그 후 두 발로 걷는 연습을 하며 인간의 옷을 입는 등 꽤 적응하는 모습을 보여주었으나 1929년 17살 정도의 나이에 사망하게 되었다. 아이의 정체에 대해서 인도 경찰국은 조사를 해 보았으나 결국 밝혀내지 못했다고 한다.


위의 예에서 보듯이 사람이라고 모두 말을 하는 것이 아니다. 자라난 환경이나 주변 환경에 따라서 말을 못 할 수도 있다. 사람의 말이나 언어는 사회 속에서 생활하면서 문화에 의하여 습득한 기능이라고 할 수 있다. 특히 말이나 수다는 사람 사이에서 부대끼며 배워가는 것이다.

그러나 무작정 수다의 경험을 많다고 해서 수다능력이 느는 것은 아니다. 매일 수다를 하면서도 수다능력에 변화가 없는 것은 주의를 집중하지 않거나 대충하기 때문이다.

## 통하면 운명이 바뀐다

미국인을 대상으로 한 조사 연구에서 자신이 대화를 잘하고 있느냐는 질문에 10%에서 50%가 다양한 대화기술을 적절히 수행하지 못하는 것으로 나타났다. 즉, 그들은 사람들과 대화 시 적절하게 표현하는 능력이 부족하거나, 질문이 있을 때 그것을 적절하게 내용으로 선별해서 답한다든가 또는 다른 사람과 의견이 불일치할 경우 자신의 관점을 명료하게 기술하는 데 있어 어려움을 겪은 적이 있는 것으로 나타났다.

이러한 사실은 비단 이 연구뿐만이 아니라 경험적으로도 그 근거를 여러 곳에서 발견할 수가 있다. 우리는 일상생활에서 수많은 대인관계를 맺으면서 상대방의 말을 잘 못 알아듣거나 내가 원하는 바를 잘 전달하지 못해 오해를 만들거나 대인관계에 곤란함을 겪는 경우를 무수히 경험하고 있다. 문제는 대화가 단지 두 사람간의 커뮤니케이션을 방해하는 것을 넘어 사회적으로도 갈등이나 대립을 일으킬 수 있다는 것이다.

또한 대화 능력이 부족한 사람은 그렇지 않은 사람보다 성격 장애, 우울증, 수줍음, 외로움, 불안, 초조, 대인기피증, 사회 부적응으로 이어질 확률이 더 높은 것으로 나타났다. 아울러 학생들에게는 학업능력 저하로 이어지기도 한다는 연구보고가 있었다. 그렇게 본다면 대화를 잘 못 하면 사회생활을 제대로 할 수 없다는 결론에 도달한다. 따라서 사회생활을 제대로 하고 자신의 인생을 성공으로 이끌기 위해서는 대화를 잘해야 한다.

이처럼 대화를 통해서 성공에 이른 실제 사례가 있다. 다음 이야기를 한 번 보자.


미국의 유명한 자선 사업가인 브루크 애스토어는 뉴욕 시 최고의 명사로 알려져 있다. 뉴햄프셔 주 포츠머스에서 태어난 그녀는 정규교육을 받지는 못했지만 잡지사 기자로 성공할 수 있었다. 한 번의 이혼과 두 번의 사별 후에도 그녀는 여러 번 결혼했다. 그 가운데 전남편인 빈센트 애스토어는 1959년 사망 후 그녀에게 엄청난 재산을 남겼고, 덕분에 그녀는 자선 사업가로 활동하게 되었다. 막대한 재력에 사교성까지 갖춘 그녀는 박물관, 문화재 보호 프로젝트, 문화재단을 통해 활발한 자선사업을 펼쳐 나갔다. 또한 뉴욕시립도서관 관장을 역임하기도 했다. 그녀는 자서전 《발자국(Footprints)》에서 자신의 성공 비결이 대화로부터 시작되었다고 말했다.

그녀는 아주 어릴 때부터 사람들과 원만한 관계를 유지하는 것이 제일 중요하다고 부모로부터 배웠다. 그런 관계를 유지할 수 있는 가장 좋은 방법으로 그녀가 배운 것은 물론 여러 가지가 있지만 대화라고 주장했다. 그녀는 "일방적인 의사 전달이 아닌 서로를 배려하는 대화를 통해서만이 참되고 풍부한 교류를 나눌 수 있고 가까워질 수 있다"고 했다. 또한 단지 생각과 의견 교환뿐 아니라 기쁨과 즐거움, 슬픔과 괴로움도 함께 나누다 보니 자연스럽게 사람들이 몰리고 행운이 찾아오게 되었다고 한다.

정규교육은 한 번도 받지 못했지만 브루크 애스토어는 대화를 잘하는 것으로 운명을 바꾸었다. 그녀가 대화를 잘하게 된 이유는 어릴 때부터 어머니가 어른들의 대화에 끼워 주었고 자연스럽게 분위기를 이끌어 주셨기 때문이라고 한다. 어른들과의 대화에서 그녀는 언제나 이상한 나라의 앨리스가 된 기분이었지만 이야기가 점점 더 어려워지고 도무지 이해할 수 없을 때도, 분위기에 매료되었고 대화 속으로 더 깊이 빠져 들어가곤 했다고 한다. 그 시간들은 결국 어머니가 그녀에게 준 가장 소중한 선물이었으며, 그 선물 덕분에 이 세상 누구와도 진실한 대화를 나눌 수 있는 힘을 갖게 되었고, 성공하게 된 것이다.

## 통하지 않는 것은 다름에서 생긴다

세상을 살다보면 항상 자기가 원하는 대로 대화가 진행되지는 않는다. 대화를 잘하던 사람도 상황이나 사람이 바뀌면 대화가 막히기도 한다. 그것은 서로에 대한 작은 오해에서 비롯된 경우가 많다. 오해(誤解)는 사실을 그릇되게 해석하거나 뜻을 잘못 아는 것으로 화자의 대화나 행동에 대하여 잘못 받아들이기 때문에 발생한다. 즉 오해가 발생하는 이유는 꼭 화자에 대하여 상대방이 부정적인 마음을 가지고 있기 때문만이 아니라, 같은 상징 메시지를 사용하지만 받아들이는 사람마다 제각각 받아들이기 때문이다.

《천년학》은 이청준의 소설 작품으로 등장인물들을 보면 모두가 각자의 꿈을 꾸며 살아간다. 등장인물들은 서로 어긋난 꿈으로 인해 빈번하게 오해를 한다. 동호는 아버지가 송화의 눈을 멀게 한 것이 홀아비의 욕정 때문이라고 지레 짐작한다. 반면 아버지는 송화가 득도를 하여 자신의 못 다한 꿈을 이루기를 원한다. 송화는 그런 아버지의 맘을 이해하고 자신의 소리를 찾으려는 꿈을 꾼다. 동호의 꿈은 가난을 벗어나려는 꿈과 송화를 사랑하는 꿈이다. 그래서 송화와 이별한 상태에서도, 송화를 만나는 꿈을 꾼다. 이들은 서로 송화가 잘되길 바라는 한길에 있지만 서로 다른 꿈을 꾸고 서로 다른 이상향을 그린다. 그러다 보니 서로의 행동이나 말에 오해를 하고 이로 인해 반목과 갈등이 심해진다. 대화가 통하지 않는 것은 이처럼 뜻은 같아도 메시지를 받아들이는 차이 때문이다.

또 다른 이유로는 화자의 전달 방법, 즉 대화 방법에 문제가 있는 경우이다. 《화성에서 온 남자, 금성에서 온 여자》를 보면 남자와 여자는 서로 다른 행성에서 와서 처음에는 서로 다른 것을 좋게 느낀다고 한다. 서로 다른 언어를 사용한다는 사실을 인정하기에 갈등이 생기면 싸우거나 상대방을 비난하는 대신 우선 각자의 관용어 사전을 펼쳐놓고 서로를 보다 깊이 이해해 보려는 노력을 기울인다. 그래도 안 되면 통역관을 찾아가 해결한다. 그러나 시간이 점차 지나 꿈에서 깨면 서로 다른 점이 돌출되고 충돌이 시작된다.

결국 이것은 갈등의 대상이 되고 만다.

《화성에서 온 남자, 금성에서 온 여자》에서 보았듯이 오해가 생기지 않으려면 서로 다른 부분에 대해서 충분히 이해하려는 마음을 가지고 대화를 해야 한다. 연애할 때나 신혼일 때는 서로를 이해하려는 마음이 강하기 때문에 대화가 잘 통하지만, 어느 정도 시간이 지나면 자신의 편함을 쫓고 이해해주길 바라서 대화가 통하지 않게 된다. 따라서 상대를 이해하려는 마음이 없는 대화는 오해를 불러오기 쉽다. 나와 다른 부분에 대해서 이해하지 않고 자신만의 주장을 편다면 갈등이 생기고 오해하게 되어 결국에는 원하는 정반대의 결과를 가져올 수도 있다. 다른 것을 인정해야 하는 이유가 여기에 있다.


## 보이는 것만이 대화가 아니다


모 기업의 화상 전화기 광고를 보면 여러 출연자들이 나와 똑같이 '사랑해'라는 말을 한다. 하지만 얼굴을 보지 않고 목소리만 들으면 다 똑같은 내용이지만 화상 전화기를 통해 보면 사람마다 다른 의미가 내포되어 있음을 알 수 있다. 그 광고에서는 7명의 남녀 노소가 "사랑해!"라고 말하지만 그들의 속마음은 각각 다르다. 20 대 여자가 뽀뽀하는 소리를 내면서 말하는 "사랑해!"는 "보고 싶어"의 의미이고, 심각하게 목소리를 깐 20대 청년의 "사랑해!"는 "오빠 못 믿니?"라는 의미이며, 턱을 치켜들고 협박하는 듯한 목소리로 하는 아내의 "사랑해!"는 "바람 피면 죽는다"의 의미이고, 입이 찢어지게 웃는 젊은이의 "사랑해!"는 "여보 나 취직했어"의 의미이며, 중년 아저씨가 눈치를 보면서 말하는 "사랑해!"는 "여보 돈 좀 줘"라는 의미이며, 연세 지긋한 할아버지가 말하는 "사랑해!"는 "죽을 때까지 같이 있어 줘"라는 의미이고, 눈물을 머금은 여인의 "사랑해!"는, "가. 아니, 가지 마"라는 복합적인 뜻을 담고 있다.

저자도 광고를 보고는 "사랑해!"라는 말이 이렇게 다양하게 사용된다는 사실에 놀랐다. 많은 사람들이 '언어'에 대해서만 알려고 하지 그 언어에 담긴 내면적인 의미를 간과한 채 살고 있다. 이 광고를 통해서 알 수 있듯이 같은 말이지만 말하는 사람의 표정에 따라 매우 다른 의미를 지니기도 하고, 때로는 정반대의 의미가 있다는 사실에 주의를 해야 한다. 그리고 많은 사람들이 자기의 속마음을 숨긴 채 말하는 경우도 많다는 사실도 주의해야 한다.

대화를 잘하기 위해서는 언어로 표현된 말이 다양한 내용을 내포하고 있다는 생각을 가지고 상대방의 의도가 무엇인지, 언어에 내포된 의미가 무엇인지를 빨리 찾아내서 정확히 답변을 해야 한다. 상대방의 의중을 정확히 파악하면 상대방이 원하는 대화를 할 수 있다. 상대방의 의도를 파악하지 못하는 대화를 한다면 상대방은 마음의 문을 닫아 버려 원하는 결과를 얻기가 어려울 것이다.

이처럼 대화할 때 상대방의 내면을 정확히 파악하는 데 도움이 되는 것이 바로 비언어적인 행위를 분석하는 것이다. 비언어적 행위는 언어 외에 모든 물리적 방법의 커뮤니케이션으로 '보디랭귀지'라고도 한다. 보디랭귀지를 우리말로 하면 '몸말'인데, 세분화하면 태도, 자세, 제스처, 표정, 시선 등으로 나눌 수 있다. 비언어적 행위는 화자가 이해, 수용하는 데 있어서 상대방에게 반응하는 것이다. 그것은 듣기보다는 볼 수 있는 교류 중 일부이다.

머리를 끄덕이는 것, 자리를 내어 주는 것, 주먹을 쥐는 것, 팔을 잡는 것, 손가락을 돌리는 것, 무겁게 숨 쉬는 것, 식은땀을 흘리는 것 등은 모두 비언어적 행동 형태이다. 언어적 커뮤니케이션은 말을 하거나 침묵하는 것을 선택할 수 있다. 하지만 비언어적인 행동은 심리적·정서적 상태를 반영해 신체적·물리적 메시지로 바꾸어 계속해서 드러낸다. 이 때문에 비언어적 커뮤니케이션은 상대를 파악할 때 깊은 의미를 지닌다. 상대방과 대화할 때 비언어적 반응

혹은 신체적 단서를 보아야 하는 이유가 여기에 있다. 그리고 언어와 함께 비교 분석하여 상대의 의중을 명확히 이해하는 데 사용할 필요가 있다.

인간관계가 행복을 더욱 키운다

## 인간관계가 행복의 시작이다

중국의 격언 중에 "제왕이 되려면 3가지 기(氣)를 얻어야 한다"는 말이 있다. 첫째는 하늘의 기운(天氣), 둘째는 땅의 기운(地氣), 마지막으로 세 번째는 사람의 기운(人氣)이 그것이다. 하늘의 기운과 땅의 기운은 매우 추상적이고 자연의 이치에 따르는 것이어서 접근하기 어렵지만, 사람의 기운(人氣)은 누구나 접근이 가능하다. 현재 사람의 기운은 대개 '인간관계'라는 말로 널리 쓰이고 있다.

미국 카네기멜론대학교에서 흥미로운 조사 결과를 발표한 적이 있다. 사회적으로 성공한 부자들 10,000명을 대상으로 성공의 비결을 물었다. 그런데 종래의 성공 조건이라 믿어왔던 지적능력이나 재능이 미치는 영향은 불과 15%에 지나지 않았으며, 나머지 85%는 바로 인간관계였다고 한다.

또 다른 연구를 보면 10년 동안 한 기업에서 직원들의 이직률이나 이직 원인을 조사해보았더니 직장을 잃은 사람들의 90% 이상이 업무능력 부족이나 전문기술 부족 때문이 아니라 인간관계 기술이 부족해서 해고를 당했다는 결과가 나왔다. 두 가지 연구 결과를 정리해보면, 아무리 지적능력과 재능이 뛰어나다 하더라도 인간관계에 대한 능력이 부족하면 성공을 이루기가 어렵다는 것을 알 수 있다.

우리나라 인터넷 취업사이트인 '파워잡'이 대학생 632명을 대상으로 '인간관계관리 의식'에 대해 설문 조사한 결과에 따르면, 인생에서 인간관계가 '매우 중요하다'는 대답이 69%, '다소 중요하다'는 응답자가 22.5% 등 10명 중 9명이 인간관계가 중요하다고 대답했다.

한 개인이 자신의 지식이나 능력만을 가지고 성공하기 위해서는 난관도 많고 시간도 많이 걸릴 뿐만 아니라 성공에 이르지 못할 수도 있다. 그러나 모든 능력을 갖추고 있으면서도 인생의 중요한 국면마다 인간관계에 의해 도움을 받는다면 시간을 절약하고 난관을 쉽게 극복하여 결국에는 원하는 성공에 도달할 수 있을 것이다. 실제로 우리나라 정계·관계·법조계·경제계 리더들의 60%가 서울대, 고대, 연대 등 소위 SKY대학 출신이라는 통계자료가 있듯이, 사회적으로 성공한 사람들 대부분은 좋은 인간관계를 통하여 고속 승진을 하거나 돈을 많이 벌 수 있는 기회를 가진 사람들이었다.

인간관계를 목적화한다고 비난할지라도 이것은 복잡한 현대 사회를 살아가는 생존방법이다. 세상은 혼자 힘으로는 살 수가 없고, 아무리 뛰어난 재능을 가진 사람이라도 혼자서 모든 것을 해결할 수는 없기 때문이다. 때로는 인간관계가 없으면 자신의 능력을 펼쳐 보일 수 있는 기회마저 주어지지 않는 경우도 있다. 결국 인간관계란 내가 가진 능력을 펼칠 수 있는 기회를 제공하고, 나에게 부족한 1%의 능력을 보충해주며, 나의 장점을 부각시켜 줄 수 있는 유용한 도구인 것이다.

어떤 사람들은 남에게 도움받기를 싫어하는 분들도 있을 것이다. 하지만 혼자 이 세상을 살아가는 것보다는 누군가 나를 지켜봐주고 격려해 주는 사람이 있다고 생각해보라. 그것만으로도 행복하지 않겠는가? 옛 속담 중에 "팔이 안으로 굽는다"는 말이 있다. 우리는 유전적으로 내 가족, 내 친척, 내 친구에게 마음이 더 가게 마련이다. 전혀 모르는 사람보다는 옷깃이라도 한번 스친 사람에게 눈길이 더 가는 것이 당연하다. 지금보다 성공한 삶, 행복한 생활을 원한다면, 바로 지금 인간관계 관리가 필요하다.

## 인간관계가 행복한 사람으로 만들어 준다

사람과의 만남은 인생을 살아가는 데 매우 중요하다. 우리가 주변에서 흔히 듣는 "친구 잘 못 만나서 인생 망쳤다", "친구나 선배 스승 때문에 내 운명이 바뀌었다", "여자 하나 잘 들어와 집안이 흥했다", "동업자 잘 못 만나서 사업 망했다"와 같은 말들은 사람과의 만남이 얼마나 중요한지 알려주는 말들이다. 아무리 작고 사소한 사람과의 만남일지라도 우리의 인생에 중요한 변수로 작용할 수 있다.

세상에는 완벽하게 좋은 사람도 없고 완벽하게 나쁜 사람도 없다. 대부분의 사람은 내게 좋은 인연이냐, 나쁜 인연이냐의 차이일 뿐이다. 다른 사람에게 좋은 사람이 나에게 악인이 될 수 있고, 나에게 좋은 사람도 타인에게는 악인이 될 수 있다. 그렇게 보면 결국 좋은 인간관계란 나에게 좋은 인연이 되는 사람과 관계를 맺는 것이라 할 수 있다.

사회적으로 성공한 사람들을 보면 좋은 사람을 인연으로 만듦으로써 인생이 바뀌는 경우가 많다. 장애를 극복한 위대한 여성의 표상이 된 헬렌 켈러가 대표적이다.

헬렌 켈러는 태어난 지 9개월 만에 열병을 앓아 눈과 귀가 멀게 되었다. 그 결과 시간이 갈수록 헬렌은 점점 난폭해졌다. 정신병원으로 보내져서도 괴성을 지르고 사나운 모습을 드러내자 의사들은 치료 포기를 선언했다. 그리고 집으로 돌아온 헬렌은 온종일 독방에서 생활하게 되었다. 하지만 설리번 선생님을 만나면서 인생이 180도 바뀌기 시작했다.

설리번 선생님은 헬렌의 삶을 만든 사람이기도 하다. 설리번 선생님은 헬렌의 손바닥에 글씨를 써서 사물들의 이름을 가르쳐 주었다. 쉼 없는 사랑과 인내로 어둠 속을 헤매던 헬렌에게 말과 글은 물론 인생의 진정한 의미를 깨우쳐 주었다. 헬렌은 설리번 선생님으로부터 사랑에서 노력을 배웠고, 노력에서 성취를 배웠고, 성취에서 인내를 배웠고, 인내에서 기쁨을 배웠고, 기쁨에서 용기를 배워 20세 때 하버드대학에 입학했다. 헬렌은 전 세계 장애자들을 찾아다니며 강의를 통하여 희망을 주었고, 다양한 활동을 통해 '빛의 천사'로 불리게 되었다. 이런 헬렌 켈러의 위대함은 설리번 선생님의 헌신적인 사랑이 있었기 때문에 가능했다.

뿐만 아니라 우리나라의 대표적인 야구선수인 박찬호 선수는 스티브 김이라는 에이전트를 만나 미국에서 성공할 수 있었다. 세계적으로 가장 부자 중 한 사람인 마이크로소프트의 빌 게이츠 회장은 스티브 발머라는 영업의 귀재가 있었기에 오늘날 세계 최고의 기업을 만들 수 있었다.

우리는 세상을 살아가면서 수많은 사람을 만난다. 좋은 만남으로 인하여 인생이 성공에 이르기도 하지만, 잘못된 만남으로 인하여 인생이 꼬이고 망가지는 사람도 있다. 따라서 사람과의 만남을 통해 자신의 인생이 천하게도 귀하게도 된다는 사실을 염두에 두고 신중하게 인간관계를 맺어야 한다.

하지만 무작정 좋은 인간관계만 맺으려고 애쓰지 마라. 만나는 모든 사람을 극진히 대우하고 정성을 다해 만나보라. 다른 사람에게는 나쁜 사람도 내게는 좋은 인연으로 만들어질 것이다. 성공을 만드는 것은 좋은 인간관계가 아니라 좋은 인연이다.

## 행복한 사람의 인간관계 관리는 다르다

"행복한 사람이 되려면 행복한 사람에게 점심을 사라"는 영국 속담이 있다. 행복한 사람이 되는 방법은 여러 가지가 있을 것이다. 하지만 그 방법을 실현하는 첫걸음은 바로 행복한 사람을 많이 만나는 것이다.

나폴레옹(1769~1821)이 엘바 섬을 탈출해 워털루 전투(1815)를 펼칠 당시, 당대 부호로 명성을 날린 금융의 귀재 로스차일드는 정계와 관계에 다양한 인간관계를 가진 사람으로 유명했다. 나폴레옹의 카리스마와 리더십을 익히 알고 있던 영국 귀족들은 나폴레옹의 승리를 지레 짐작하고 피신하기 위해서 서둘러 재산을 처분했다. 그러나 로스차일드는 인간관계를 활용해 다양한 정보를 수집하여 나폴레옹이 워털루 전투에서 질 것이라는 판단을 내렸고, 귀족들이 내놓은 재산들을 헐값에 매입했다. 결국 워털루 전쟁에서 나폴레옹은 졌고, 로스차일드는 대부호가 되었다.

제2차 세계대전 후 일본을 세계에 알린 자동차 기업 혼다기연(本田機研)의 혼다 소이치로 사장(1906~1991)은 독특한 인간관과 인간관계 활용법으로도 유명하다. 혼다는 재산보다는 친구를 만들고, 그 친구들을 기쁘게 해주는 데 삶의 보람과 의미를 찾았다. 그의 인간관계 관리 포인트는 크게 3가지로 정리된다. 남에게 늘 좋은 인상을 주려고 노력하고, 약속시간은 무슨 일이 있더라도 지키며, 남에게 돈을 벌게 하는 것이었다.

지금까지 거론한 사람들의 공통적인 인간관계 관리방법은 자신의 노력을 바탕으로 능력을 키우고, 이를 바탕으로 자신을 원하는 목표에 이르도록 해주는 인간관계를 형성하는 데 최선을 다했다는 것이다. 결국 인간관계도 중요하지만 남다른 자신의 노력이 기본이 된다는 것을 말하고 있다.


## 행복한 사람이 되려면 공존지수를 높인다


21세기는 바야흐로 공존의 시대로 사람의 인간관계가 경쟁력을 좌우한다고 할 수 있다. 세상에는 다양한 사람들이 공존한다. 특히 직장 내에서는 구성원들 간의 관계가 매우 중요하다. 최근 우리 사회는 수직적이고 권위적인 사회에서 수평적이고 민주적인 사회로 바뀌고 있다. 인간관계도 혈연, 지연 등 유대감이 강한 인간관계에서 동아리나 온라인상의 커뮤니티 등으로 유대감이 약한 인간관계로 확대되어 가고 있다.

지난 20세기에는 지능을 측정하는 IQ와 감성지수라 불리는 EQ를 중시했다. 그런데 최근에는 인간관계 정도를 측정하는 인간관계지수, 즉 NQ(Network Quotient)가 화두로 떠오르고 있다. 인간관계지수는 다른 사람과 얼마나 인간관계를 잘 맺을 수 있는 능력을 지녔는가를 따지는 지표이다.

실제로 대한민국 대표 공모전 미디어인 〈씽굿〉이 취업 사이트 〈파워잡〉과 함께 최근 대학생 432명을 대상으로 〈대학생 인간관계 인식〉에 대한 설문 조사 결과, '인생 성공전략'으로 응답자의 42.6%가 NQ(인간관계지수)를 가장 중요하게 여기는 것으로 나왔다. 그리고 SQ(사회성지수)가 31%, CQ(창조성지수)가 16.9%, IQ(지능지수)가 5.8%, MQ(도덕성지수)가 2.5%, EQ(감성지수)가 1.2% 순으로 나타났다. 기업 CEO에게 가장 필요하다고 판단되는 지수 역시 'NQ'라고 대답한 응답자가 37.7%로 가장 많았다. 이처럼 대학생들은 인생에서 '인간관계 관리'를 가장 중요하게 여기는 것으로 분석됐다. 또한 인생에서 '인간관계'의 중요성을 묻는 질문에 응답자의 95.8%('매우 중요'가 68.5%, '중요한 편'이 27.3%)가 긍정적인 답변을 했다.

그래서 그런지 요즘의 20~30대들은 동호회나 블로그, 카페활동을 통해서 많은 인간관계를 맺으려고 노력한다. 많은 인간관계를 맺기 위해서 무조건적으로 많은 모임에 참여하기도 한다. 그러나 정작 나와 친한 사람을 찾아보면 없는 경우가 많다. 인간관계를 너무 수량에만 치중한 결과다. 사실 제대로 인생을 살아가려면 숫자는 적더라도 제대로 된 인간관계를 맺는 것, 즉 공존지수가 더 중요하다.

인간관계지수는 다른 사람과 얼마나 인간관계를 맺느냐를 따지는 수량적인 의미인 반면, 공존지수는 공존의식이 바탕이 된 질적인 의미라고 할 수 있다. 또한 인간관계지수는 지속성이나 발전성이 없는 반면, 공존지수는 지속성이나 발전성을 지닌다.

요즘 인간관계의 중요성이 커지면서 수적으로 많은 인간관계를 구축하기 위하여 노력하는 사람들이 많다. 하지만 수량적인 인간관계지수를 높이기보다는 오랫동안 인간관계를 지속할 수 있는 공존지수를 높이는 것이 좋다. 다음은 공존지수를 높이는 방법이다. 실천해보기 바란다.


**공존지수를 높이는 방법 7가지**

1. 진정으로 상대편 입장에서 이해하려고 노력하라.

2. 먼저 주는 사람이 되라.

3. 상대방의 이야기를 듣는 사람이 되라.

4. 평소에 쌓아둔 인간관계를 잘 관리하라.

5. 사람들을 이끌고 다니는 사람이 되라.

6. 겸손하게 묵묵히 노력하라.

7. 상대방을 배려하고 마음으로 대화하라.

## 인간관계는 일찍 할수록 행복이 커진다

인간은 사회적 동물이라는 말이 있다. 그만큼 사람은 사회를 떠나 혼자 사는 것이 어렵다는 것을 의미한다. 당신만 해도 직장동료, 거래처 직원, 학교 선후배 등 다양한 사람의 도움 없이는 제대로 일을 처리하기 힘들다. 많은 사람들이 사회생활을 '사람에서 시작해 사람으로 끝나는 것'이라고 보는 것도 같은 이유에서다.

인간관계를 맺는 것은 일찍 시작하는 것이 좋다. 젊어서의 인간관계는 단순히 감정적인 호감만 가면 맺어질 수 있다. 하지만 나이를 먹기 시작하면 조건이나 환경이 비슷한 사람들끼리 인간관계를 맺을 수밖에 없다. 또한 나이가 들면 조건이나 상황 등을 고려해서 만나기 때문에 친해지기가 여간 어렵지 않다. 따라서 조금이라도 젊었을 때 인간관계를 맺는 것이 감성적으로 친해질 수 있으므로 좋다.

많은 사람들이 가장 선호하는 모임을 들라고 하면 고등학교 동창회를 이야기한다. 그 이유는 세상을 알아가는 중요한 시기에 만났고, 이해관계에 얽매어 있지 않기 때문이다.

어릴 때의 인간관계가 세상을 변화시킨 사례는 역사 속에도 있다. 바로 쟈무카(?~1206)와 칭기즈칸이 그러하다. 세계에서 가장 위대한 몽골인인 칭기즈칸은 9살 때 아버지를 배신한 부족들에 의해 어머니와 함께 사막에 버려졌다. 사막에서 생존을 위해 들쥐를 잡아먹는 척박한 환경에서도 그는 아버지의 유언과 몽고를 통일하겠다는 꿈을 버리지 않았다.

그는 몽고를 통일하기 위하여 친구가 필요했다. 그래서 그는 9살 때부터 쟈무카라는 친구를 사귀었다. 옆 부족장의 아들이었던 쟈무카를 만나기 위해 사막을 20km씩 걸어갔고, 여러 차례 형제의 맹세를 하여 그와 혈육보다 더 끈끈한 친구가 되었다. 칭기즈칸이 청년이 되어 여러 차례 위험에 빠졌을 때 쟈무카가 살려주었을 정도로 어렸을 때 맺었던 인간관계는 성인이 되어 자신의 서로의 목숨을 살리는 관계가 되었다.

이 둘은 청년기까지 전쟁터를 누비며 몽고의 통일을 위해 노력했다. 하지만 성인이 돼 서로의 이념과 이해관계가 달라져 원수가 되었다. 그리고 결국 칭기즈칸에 의하여 쟈무카는 죽음을 맞이했다.

이처럼 젊을 때는 세상을 보는 시각이 비슷하거나 비슷한 환경에서 친구가 된다. 게다가 이해관계에서도 자유롭기 때문에 서로를 이해하고 배려한다. 하지만 점점 나이를 먹으면 세상을 바라보는 시각의 차이가 생겨난다. 그리고 그 차이가 커지면 서로 소원한 관계가 되기도 한다. 나이가 들어서 공존지수가 높은 인간관계를 맺는다는 것은 기본적으로 자신의 성공이 바탕이 되지 않고는 이루기 어렵다. 따라서 되도록 젊었을 때 좋은 인간관계를 만들어야 한다.

## 좋은 인간관계는 자신의 노력만큼 쌓인다

사람들은 누구나 좋은 인간관계를 맺고 싶은 욕구가 있다. 그러나 마음만 먹는다고 해서 좋은 인간관계가 맺어지는 것은 아니다. 일반적으로 좋은 인간관계를 많이 가지고 있는 사람들은 자신도 좋은 사람들이라는 특징을 지니고 있다. 그리고 그런 사람들은 좋은 첫인상을 주기 위하여 노력한다. 사람들은 처음 만나서 약 6초라는 눈 깜박하는 사이에 얼굴 표정과 외모, 말 한마디를 통해서 상대방을 평가한다. 그만큼 첫인상은 인간관계를 맺는 데 있어서 중요하다.

"패션도 전략이다"라는 말이 있다. 이 말처럼 최근에는 옷차림이 취업 및 직장생활에서 성공을 가져온다고 한다. 또한 세일즈맨들에게 신앙과 같은 말이 있다. "물건을 팔기 전에 자신을 먼저 팔아야 한다"가 그것이다. 이 두 가지 말은 바로 이미지 컨설팅이 얼마나 중요하고, 우리 생활 깊숙이 침투해 있는지를 알려주는 좋은 예라 할 수 있다. 대개 좋은 첫인상을 주는 사람은 다가서기가 쉽고 편하지만 그렇지 않은 사람은 왠지 꺼려진다. 안 좋은 첫인상을 심어주었을 경우, 그러한 편견을 다시 바꾸려면 많은 노력과 시간이 필요하다.

모든 사람들은 인생을 살아오면서 나름대로 터득한 사람의 유형을 평가하는 고정관념을 가지고 있다. 사원을 선발하는 면접장에서는 인상학을 전공한 사람을 면접관으로 초빙하여 인재를 선발하도록 하고 있다. 그들은 우리의 표정, 복장, 태도, 용모, 시선, 자세, 걸음걸이와 같은 시각적 이미지뿐만 아니라 음성, 억양, 말씨, 언어와 같은 청각적 이미지를 보고 선택을 결정한다. 미팅이나 맞선에서도 자신의 고정관념을 기초로 상대편을 짧은 시간에 결정한다. 따라서 좋고 편안한 첫인상을 주려면 자신의 외모와 말씨, 행동들을 생각하고 개선점을 찾아 바꾸도록 노력해야 한다.

인간관계 만들기에서 가장 중요한 점은 상대에게 신뢰를 주는 것이다. 그러기 위해서는 볼수록 끌리는 사람이 되어야 한다. 그다음으로는 상대의 인간적인 면을 존중하여야 한다는 것이다. 자신의 잇속만 챙기는 데 급급한 인간관계 만들기는 실패할 확률이 매우 높다.

## 행복하려면 적을 만들지 마라

남을 이용하거나 배신해서 이룬 성공은 오래갈 수 없다. 더욱이 그로 인해 배신당한 사람이 적이 되어 이를 갈고 자신의 성공을 파괴하려고 한다면 막을 수가 없다. 격언 중에 "대충 참여하는 1,000명의 조직원보다 혼신을 다해 참여하는 1명을 이길 수 없다"는 말이 있다. 1,000명의 칭송을 받는 사람도 1명의 적 앞에서는 죽을 수밖에 없다는 이야기다.

잘나가던 유명인들이 폭로성 신문기사로 인해 사회에서 매장당하는 경우가 종종 있다. 정상에서 바닥으로 추락하는 경우에는 낙하산이 없다고 한다. 그만큼 충격이 크다는 것을 의미한다. 사람들은 그 기사가 사실인지, 거짓인지를 구분하지 않고, 단지 안 좋은 일로 신문에 났다는 것에만 관심을 기울인다. 그러다 보니 나중에 사실이 아닌 것으로 판명되어도 사람들의 고정관념을 바꾸기가 어렵다. 그래서 높이 성공한 사람일수록 자신의 신상 및 평판관리를 잘하고 또 잘해야 한다. 어떠한 경우에도 적을 만들어서는 안 된다.

성공을 지향하는 사람들은 정신없이 바쁘게 자신의 앞길만 보고 생활하게 된다. 그러다 보면 의도치 않게 다른 사람들에게 아픔을 주는 경우도 있다. 그럴 때는 항상 자신의 성공에 대하여 겸손해야 하며, 남에게 공을 돌려야 한다. 지금까지 쌓은 성공이 무심코 만든 1명의 적으로 인하여 수포로 돌아갈 수 있다는 생각으로 신중하게 행동하고 상대방을 배려하는 마음을 잊어서는 안 된다.


## 한 명의 코치가 행복을 크게 해준다


요즘 사회적으로 멘토나 코치에 대한 관심이 높다. 단순한 인간관계보다는 구체적인 인간관계를 원하는 현상 때문일 것이다. 코치와 멘토는 성공으로 이끌어준다는 것은 비슷하지만 엄연한 차이가 있다.

멘토라는 말은 그리스 신화에서 유래했다. 고대 그리스의 이타

이카 왕국의 왕인 오디세우스가 트로이 전쟁에 출정하면서 자신의 아들인 텔레마코스를 보살펴달라고 한 친구에게 맡겼는데, 그의 이름이 바로 멘토였다. 그는 오디세우스가 전쟁에서 돌아오기까지 텔레마코스의 친구, 선생님, 상담자, 때로는 아버지가 되어 그를 잘 돌보아 주었다. 그 후 멘토라는 그의 이름은 지혜와 신뢰로 한 사람의 인생을 이끌어 주는 지도자라는 의미로 사용되었다고 한다. 따라서 멘토는 상대방보다 경험이나 경륜이 많고, 상대방의 잠재력을 볼 줄 알며, 그가 자신의 분야에서 꿈과 비전을 이루도록 도움을 주고, 때로는 도전도 해줄 수 있는 사람, 예를 들면 교사, 인생의 안내자, 본보기, 후원자, 장려자, 비밀까지 털어놓을 수 있는 사람, 스승이라고 할 수 있다.

반면에 코치는 전문적으로 훈련을 잘 받은 사람으로, 개개인의 특성에 맞게 그들의 필요에 접근해 가는 방법에 숙련된 사람을 말한다. 이들은 원하는 것을 찾고 있을 때 가능성을 발견하고 개발하도록 격려하고, 지원하여 전략과 해결책을 더 쉽고 빨리 찾을 수 있도록 돕는 사람을 말한다.

우리는 수천 명의 인간관계를 자랑할 것이 아니라 단 한 명이라도 인생의 멘토나 코치를 만들어야 한다. 그러면 시행착오를 겪지 않고 우리가 원하는 성공을 이룰 수 있을 것이다.

멘토를 조언자 또는 후견인이라고 한다면 멘티는 조언을 받는 사람 또는 추종자를 말한다. 요즘 성공을 원하는 사람이 사회적으로 명성이 있는 사람에게 찾아가 멘토가 되어 달라고 하는 경우가 많다. 멘토는 아무나 하는 것이 아니라 해당 분야의 전문성을 가진 사람이 해야 한다. 이와 마찬가지로 멘티가 되려면 멘티로서 의무를 지켜야 한다.

먼저 멘티는 멘토가 하는 조언을 받아들여야 한다. 조언을 받아들이지 않는다면 멘티가 아니다. 멘티는 성공해야 할 책임과 멘토의 조언에 따라야 할 의무가 있다. 멘티가 되려는 사람들을 보면 깊은 사제관계의 개념으로 다가오는 사람이 있는 반면, 멘토의 전문성에 편승하기 위한 수단으로 다가오는 경우도 있다. "나는 전문가인 누구를 멘토로 모시고 있다" 또는 "나는 누구를 잘 안다"라는 말로 위신을 과시하는 사람이 많다. 이런 사람들은 말과 행동이 가볍다. 인간관계를 깊고 오래 가는 것으로 생각지 않고 한시적으로 필요할 때에만 찾고 자신에게 좋은 것만 받아들인다. 이러한 사람들은 멘토의 내면적인 면보다는 외형적인 지위만 보기 때문에 자신에게 필요 없을 때는 가차 없이 버린다.

가벼운 인간관계를 좋아하는 사람들은 성공에 빨리 갈 수는 있겠지만, 오래 가지는 못한다. 성공이 오래 가려면 진심으로 정성을 다하는 인간관계를 맺어야 한다.

## 행복을 위해 필요한 인간관계

행복한 사람, 좋은 인간관계를 맺으려면 먼저 자신의 현재 인간관계를 점검해야 한다. 이를 위해 효과적인 것이 자신의 인간관계 지도를 그리는 것이다. 인간관계 지도를 그려보면 어떤 분야의 인간관계는 두텁고, 어떤 분야는 취약하다는 것을 한눈에 파악할 수 있다. 아울러 자신이 현재 지향하는 분야나 쌓아 나가는 전문성에 자신이 갖고 있는 인간관계 수준이 얼마나 합리적인지도 파악할 수 있다. 머릿속에서 맴도는 추측이나 감으로만 자신의 인간관계 분포를 가늠하는 것은 추상적이기 쉽다.

인간관계 지도는 크게 친목지도와 전문지도로 나눌 수 있다. 친목지도는 말 그대로 아무 이해관계 없이 오직 친목을 중심으로 인간관계를 분류한 것으로 가족, 친척, 동문, 지역, 사내, 업계, 사외, 동호회 인간관계 등이 분류 기준이 된다. 가장 일반적인 형태이고 분류가 복잡하지 않으므로 신입 사원이나 인간관계가 그리 넓지 않은 경우에도 수월하게 그릴 수 있다는 장점이 있다.

친목지도는 특별히 양식이 있는 것은 아니다. 그냥 자신의 인간관계를 분야별로 카테고리를 만들고 하나씩 쓰면 된다. 종이 위에 펜으로 그려보는 게 제일 수월하다. 자신의 직업과 관련한 인간관

**<표1> 친목지도의 예**

| 구분 | 성명 | 친밀도 | 업무관계 | 사업성 | 지식공유 | 동업 가능성 | 관계유지 |
|------|------|--------|----------|--------|----------|-------------|----------|
| 가족 | 아버지 | 1 | 10 | 10 | 10 | 10 | 1 |
| | 어머니 | 1 | 10 | 10 | 10 | 10 | 1 |
| | 배우자 | 1 | 10 | 10 | 2 | 1 | 1 |
| 친척 | 홍00 | 1 | 2 | 1 | 1 | 2 | 2 |
| | 김00 | 2 | 3 | 2 | 1 | 3 | 2 |
| | 강00 | 3 | 4 | 10 | 1 | 1 | 2 |
| 동문 | 정00 | 4 | 2 | 1 | 1 | 3 | 4 |
| | 김00 | 5 | 4 | 10 | 1 | 2 | 4 |
| | 박00 | 6 | 2 | 1 | 1 | 1 | 5 |
| 지역 | 김00 | 7 | 1 | 2 | 1 | 1 | 6 |
| | 박00 | 7 | 1 | 3 | 1 | 8 | 7 |
| | 김00 | 3 | 4 | 10 | 1 | 9 | 8 |
| 사내 | 이00 | 2 | 2 | 1 | 1 | 10 | 1 |
| | 한00 | 1 | 1 | 1 | 1 | 10 | 2 |
| | 김00 | 3 | 1 | 1 | 1 | 10 | 3 |

- 참고 : 각 항목별 수치는 1-10까지로 하고 가장 높은 단계는 1이고 가장 낮은 단계는 10으로 표현한다.

계, 자신이 지향하는 분야와 관심사와 관련된 인간관계, 학력과 관련된 인간관계, 개인적 친분에 의한 인간관계 등 세부적으로 카테고리를 나누고, 각 카테고리별로 사람 이름을 하나씩 나열해보라. 인간관계 지도를 계속 업데이트하면서 자신이 갖춰야 할 주요 분

<표2> 전문지도의 예

| 구분 | 성명 | 직업 | 친밀도 | 업무관계 | 지식공유 | 지원 가능성 | 지속적 교류 |
|------|------|------|--------|----------|----------|-------------|-------------|
| 정치 | 김OO | 시장 | 1 | 10 | 10 | 10 | 1 |
| | 박OO | 시위원 | 1 | 10 | 10 | 10 | 1 |
| | 이OO | 구위원 | 1 | 10 | 2 | 1 | 1 |
| 경제 | 홍OO | 사장 | 1 | 2 | 1 | 2 | 2 |
| | 김OO | 대리점 | 2 | 3 | 1 | 3 | 2 |
| | 강OO | 유통 | 3 | 4 | 1 | 1 | 2 |
| 법조 | 정OO | 변호사 | 4 | 2 | 1 | 3 | 4 |
| | 김OO | 검사 | 5 | 4 | 1 | 2 | 4 |
| | 박OO | 판사 | 6 | 2 | 1 | 1 | 5 |
| 문화 | 김OO | 소설가 | 7 | 1 | 1 | 1 | 6 |
| | 박OO | 화가 | 7 | 1 | 1 | 8 | 7 |
| | 김OO | 사진작가 | 3 | 4 | 1 | 9 | 8 |
| 금융 | 이OO | 은행지점장 | 2 | 2 | 1 | 10 | 1 |
| | 한OO | 증권사과장 | 1 | 1 | 1 | 10 | 2 |
| | 김OO | 농협직원 | 3 | 1 | 1 | 10 | 3 |

- 참고 : 각 항목별 수치는 1-10까지로 하고 가장 높은 단계는 1이고 가장 낮은 단계는 10으로 표현한다.

야별 인간관계 현황들을 계속 관리하는 것도 필요하다.

반면에 전문지도는 전문분야를 분류 기준으로 나의 목표나 사업과 연관하여 인간관계를 분류한 것이다. 예를 들어 정치, 경제, 법조, 비즈니스, 문화, 금융, 예술, 체육, 행정관계 등의 분류를 들 수 있는데, 인간관계 관계가 넓고 복잡한 경우에 활용하면 좋다.

인간관계 지도를 그리면 이를 통해 자신이 부족한 인간관계가 어느 부분인지를 알 수 있다. 또한 미처 살펴보지 못했던 관계가 있는지 파악하는 데에도 도움을 준다. 따라서 인간관계 지도를 통해 점검을 하고 난 후에는 자신의 인간관계를 정비하거나 부족한 인간관계를 보충하는 데 도움을 받을 수 있다.

**행복한 사람의 인간관계 관리 7계명**

1계명 - 한 시간에 한 번은 "안녕하세요", "고맙습니다" 하고 말하라.

2계명 - 하루에 한 번은 인간관계 지도를 보고, 감사할 사람을 찾아라.

3계명 - 일주일에 한 번은 감사 메일이나 문자를 보내라.

4계명 - 한 달에 한 번은 점심이나 저녁 약속을 해서 만나라.

5계명 - 한 달에 한 번은 동호회로 만나라.

6계명 - 6개월에 한 번은 명함을 정리하라.

## 행복을 위한 인간관계에는 노력이 필요하다

인터넷이 발달하고 문명이 발달해도 사람들은 직접 만나서 이야기를 나누고 싶어 한다. 그래야 신뢰감도 높아지고 구체적으로 이야기가 진행되어 서로 이해를 잘할 수 있다고 생각하기 때문이다. 현대인들은 사는 데 바쁘다. 그러다 보니 사람들에게 시간을 내는 데 인색한 경우가 많다. 만나달라고 하면 남는 시간만을 활용해서 사람을 만나려고 한다. 그러다 보면 정말 아무도 만날 수 없다.

따라서 인간관계를 넓히려면 부지런해야 한다. 자신의 시간을 효율적으로 관리하여 최대한 오프라인에서 이루어지는 각종 모임에 참여를 해야 한다. 오프라인상의 모임은 자신과 크게 관련이 없더라도 참여가 가능한 모임들이 많이 있다. 예를 들면 팬클럽, 취미 모임, 후원회, 평생교육 기관에서 이루어지는 각종 교육 프로그램, NGO 단체, 정당, 공청회, 각종 협회나 연합회, 학습 동아리, 종교 활동, 여행사에서 모집하는 패키지 여행, 단골 거래처, 자원봉

사 등에 참여해보라. 다양한 분야에서 몰라보게 많은 인간관계이
생길 것이다.

## 주변에 사람이 몰리면 행복한 사람이 된다

인간관계 관리를 성공적으로 하기 위해서는 내가 찾아다니는 것
도 중요하지만, 사람들이 찾아오도록 해야 할 필요도 있다. 성공한
사람들이 인간관계를 관리하는 방법을 보면, 그들은 사람들이 자
신들을 찾아오게끔 하는 능력을 갖고 있다는 것을 쉽게 발견할 수
있다.

그러나 그것은 쉬운 일이 아니다. 어렸을 때는 단순한 친밀감 때
문에 사람을 찾지만, 나이가 들수록 일이 있어야만 찾는 경우가 다
반사다. 실제로 주변을 보면 사람을 많이 찾아다니는 사람일수록
성공하지 못한 사람들이 많고, 찾아오는 사람이 많을수록 성공하
거나 행복한 사람인 경우가 많다. 그렇다면 어떻게 해야 사람들이
찾아올 수 있을까?

첫째는 지식과 정보를 많이 가져야 한다. 우리는 매일 쏟아지는

정보의 홍수 속에서 살아가고 있다. 조간신문이 아니더라도 인터넷에서 실시간 제공하는 뉴스를 클릭만으로 손쉽게 볼 수 있다. 사람에게 유용한 자료가 되려면 자료를 선별할 줄 알고 그것을 활용할 줄 아는 지식을 가지고 있어야 한다. 마이크로소프트의 빌 게이츠가 지식과 정보를 가지고 세계 최고의 행복한 사람이 되었듯이, 앞으로 지식이나 정보는 정보화 사회에서 부의 가장 기본이 될 수밖에는 없다. 정확한 정보를 알아야 돈을 벌 수 있으며, 다가올 미래도 예측할 수 있다. 그렇기 때문에 많은 지식이나 정보를 가진 사람에게 사람이 몰리게 된다.

둘째는 재미있어야 한다. 어떤 사람과 만나는 것이 재미있고 편하다면 또 찾게 된다. 재미있는 사람은 어디를 가도 환영받는다. 일을 조금만 잘해도 돋보이고, 못해도 크게 책망을 듣지 않는다. 술자리나 야유회에 빠지면 그 사람의 빈자리는 금방 티가 난다. 수다스런 사람은 직장을 옮기면 관계가 끊어지지만 재미있는 사람과는 직장을 옮겨도 계속 관계를 유지하려 한다. 유머러스한데다 낙천적이어서 함께 있으면 편안하기 때문이다. 성공하는 사람 중에는 재미있는 사람이 많다.

재미있는 사람은 여러 방면에 지식은 물론 관심사도 넓다. 여러 가지 상황에 맞는 적절한 유머와 재치가 있고 박식하다 보니, 위험

부담이 큰 사업이라도 그와 함께라면 잘될 것 같은 예감이 든다. 정보화 사회에서 만남은 곧 기회이다. 만나다 보면 정보를 얻게 되고, 그 정보를 활용하면 돈이 된다.

사회생활을 하다보면 우리는 긴장 속에서 하루하루를 살아간다고 해도 과언이 아니다. 이러한 긴장감에서 벗어나 잠시나마 웃을 수 있는 여유를 찾고 싶은 이유가 여기에 있다. 재미있다는 이미지를 갖는다는 건 매우 큰 장점이다. 자기 자신뿐만 아니라 주위사람 모두에게 마음의 여유를 줄 수 있기 때문이다.

셋째는 얻어가는 것이 있어야 한다. 사람과의 만남에서 아무것도 얻는 것이 없다면 허탈할 수밖에 없다. 만날 때마다 무언가 얻어갈 수 있다면 사람들이 지속적으로 찾게 마련이다. 여기서 얻는 것이란 꼭 물질적인 것만 뜻하는 것은 아니다. 심리적으로 위안을 얻거나, 찾고자 하는 정보를 얻거나, 자신의 목표를 달성할 수 있는 노하우를 배워가는 것도 얻어가는 것이라고 할 수 있다.

넷째는 관계 형성이다. 사람들이 찾는 이유 중 하나는 그 사람과 인간관계를 형성했다는 안도감을 얻기 위해서일 경우도 있다. 실제로 사람들이 대화 중 "누구를 잘 안다", "누구와 같이 일한다"는 이야기를 하는 것은 정서적으로 관계를 형성했다거나, 자신이 비슷한 사람이라는 것을 알리고 싶어 하는 욕구 때문이다. 결국 많은 사람들과 관계를 가진 사람 주변에는 관계 형성을 맺기 위하여 더욱 많은 사람들이 몰리게 된다.

도전이 행복을 가져온다

## 도전은 가슴 떨리는 행복을 안겨준다

인생은 도전(挑戰)의 연속이다. 도전 앞에는 승리도 있고, 실패도 있다. 승리는 결코 우연의 산물이 아니요, 요행(僥倖)의 결과는 더더욱 아니다. 그것은 곧 피눈물 나는 노력과 도전의 결정이요, 끊임없는 투쟁의 소산이다.

칭기즈칸은 말했다. "자신이 한계를 딛고 일어섰을 때 비로소 테무친이라는 평범한 아이에서 위대한 황제인 칭기즈칸이 되었다"고. 한계는 누가 세운 것이 아니라 자기가 만든 기준이라는 것이다. 한계는 어렵다고 생각하여 스스로 할 수 없음을 말한다. 따라서 사회적 기준도 아니고 법도 아닌 내가 만든 것이다. 그런데도 우리는 매사에 스스로의 한계를 규정하고, '나는 이 정도밖에는 안 된다'는 한계를 만들어 도전도 해보지 않고 포기하는 일이 많다. 실패를 두려워하는 것이다.

도전은 행복을 위해 필수적인 것이다. 도전하지 않는 삶에 행복이란 있을 수 없다. 도전하면 50대 50의 승부가 있다. 인생을 살면서 50%의 승률은 매우 높은 것이다. 이렇게 높은 승률을 우리가 스스로 포기한다는 것은 매우 안타까운 일이다. 실패는 우리 삶을 구렁텅이로 만들거나 모든 것을 잃게 하지 않는다. 실패는 인생을 살아가는 데 중요한 경험이 된다. 도전하지 않으면 우리는 실패를 경험할 기회마저 가질 수 없다.

행복한 사람, 성공한 사람을 보면 운이 매우 좋아서 하는 일마다 잘 되었을 거라고 생각한다. 그러나 실제로는 그렇지 않다. 그들의 면면을 보면 많은 실패를 경험했기 때문에 성공의 값어치가 큰 경우가 많다. 우리가 잘 알고 있는 토마스 에디슨만 해도 수많은 실패를 통해 성공을 한 사람이다.

토머스 에디슨(1847~1931)은 1,000종 이상의 발명품을 개발했지만, 그것을 위해서 수백만 번의 실패를 거듭했다. 우리가 현재 사용하고 있는 전구를 완성하기 위해 그는 9,999번이나 실패를 했다. 한 친구가 "자네는 실패를 1만 번 되풀이할 작정인가?"라고 물었다. 그러자 에디슨은 "나는 실패를 거듭한 게 아니야. 그동안 전구를 발명하지 않는 법을 9,999번 발견했을 뿐이야"라고 대답했다.

에디슨은 매일 16시간씩 일했다. 그는 자기가 유별난 게 아니라, 다른 사람들이 게으르다고 생각했다. 그는 사람들이 한정된 인생의 귀중한 시간을 수면으로 낭비하고 있다며 안타까워했다. 또한 그는 시간을 아끼기 위해 극히 적은 양의 식사를 했으며, 다른 사람에게도 식사량을 줄이라고 권유했다. 에디슨은 84년 생애 동안 무려 1,093개의 발명품을 남겼으며, 기록한 아이디어 노트만 해도 3,400권이나 되었다. 그는 60이 넘어서도 실험에 열중하다 자신의 연구소를 모두 불태워 바닥으로 떨어졌다. 그러나 그는 좌절하지 않았다. 그는 최악의 상황에서도 자신의 도전의지를 불살라 다시 재기하는 데 성공했다.

미국의 전설적인 홈런타자 베이브 루스(1895~1948)는 1,330번이나 삼진을 당했다. 하지만 우리는 단지 그가 날린 714개의 홈런만을 기억할 뿐이다. 농구황제 마이클 조던은 초등학교 때부터 농구를 시작해 열두 살에 MVP로 선정되었지만 정작 고등학교 때는 학교 대표팀에서 탈락했다. 이 일을 계기로 자신의 실력을 증명하기 위해 끊임없이 노력한 결과 그는 지금의 자리까지 올 수 있었다. 미국의 극작가 루이스 라모르는 100편이 넘는 서부 소설을 쓴 베스트셀러 작가이다. 그는 첫 원고의 출판을 하기까지 350번이나 거절당했다. 훗날 그는 미국 작가로서는 최초로 의회가 주는 특별 훈장을 받았다.

어린아이들은 실패가 무엇인지 모른다. 그렇기 때문에 무엇이든 행동으로 옮겨서 좋은 것들을 빨리 배운다. 당신도 걸음마를 배울 때, 몇 걸음 걷다가 넘어지고 또다시 일어나기를 반복하면서 배웠을 것이다. 심지어는 다치기도 했을 것이다. 어린아이는 다치거나 상처 입는 것을 결국 두려워하지 않기 때문에 모든 것을 빨리 배워 나간다.

그러나 어른이 되면서 세상을 알게 되고, 어려울 것 같다는 생각이 스스로를 포기하게 만든다. 불가능하다고 생각하는 것은 실제로 불가능해서가 아니라 내가 만든 기준 때문에 그렇다. 그래서 행복한 사람들은 불가능이 없다고 말하고. 포기하지 않으면 모든 것이 이루어진다고 말하는 것이다.

# 행복은 도전하는 사람들의 것이다

세상은 도전하는 사람들에 의하여 발전하고 발달했다. 새로운 것을 찾아서 탐험한 사람들에 의하여 신대륙은 발견되었고 험난한 오지의 지도가 만들어졌다. 또한 새로운 것을 만들려는 과학자들에 의하여 우리 삶을 지배하는 TV가 탄생하게 되었으며, 휴대폰이 나왔다.

처음 전화기를 발명한 벨(1847~1922)은 그의 통신 실험이 성공했음에도 불구하고 사람들은 그를 정신병자라고 생각했다. 굳이 말로 전해도 되는 것을 장난감 같은 기계를 만들어서 대화를 하려고 했기 때문이다. 그렇지만 벨은 전화기를 발명하여 특허를 얻었다. 벨이 전화기를 발명하던 당시, 세계 최고의 전신회사이던 웨스턴 유니언의 오톤 사장은 벨이 음성전화 기술 특허를 10만 달러에 팔겠다고 제안했을 때 일언지하에 거절했다. 결국 그는 평생 부자가 될 수 있는 기회를 스스로 차버렸다. 주변 사람들 대부분도 벨의 전화 발명을 '장난감'이라며 시큰둥한 반응을 보였다. 결국 벨은 자신의 본명을 딴 전화기 제조회사를 차려 그 동안 연구하기 위해서 쓴 돈의 몇 만 배나 되는 돈을 벌었다.

비행기를 발명한 라이트 형제는 훌륭한 싸움꾼이었다. 사람들은 인간이 하늘을 나는 것이 불가능하다고 생각했기 때문에 라이트 형제의 무모한 도전을 곱지 않은 시선으로 비난했다. 그러나 라이트 형제는 어떤 위협에도 굴하지 않고 진실을 수호했고, 식을 줄 모르는 열의를 갖고 유연한 사고로 경청했다. 그들은 논리적이지 않은 비난은 무시했지만, 발전적이고 건설적인 논쟁을 통해 초기의 거친 아이디어를 다듬고 구체적으로 형상화할 수 있었다. 그리고 그들은 마침내 비행기를 만들어 하늘을 날았다.

알프레드 노벨(1833~1896)은 자신이 만든 다이너마이트 등의 폭약으로 엄청난 돈을 벌어들인 억만장자이자 노벨상을 만든 사람이다. 원래 노벨은 광산에서 굴을 팔 때 사람의 힘으로 팔 수 없는 부분을 뚫기 위해 다이너마이트를 개발했다. 원래는 평화적인 목적으로 만들어진 것이었다. 자신이 만든 다이너마이트가 전쟁 등에서 사람을 대량 살상하는 데 사용되자 노벨은 국제적으로 비난을 받게 되었다. 노벨은 자신이 만든 발명품에 의해 희생당한 사람들을 생각하게 되었고, 재산을 정리하여 노벨재단과 노벨상을 만들었다.

이처럼 세상을 이끌어 가는 사람들의 삶은 순탄하지 않다. 때로는 주변에서 수많은 질타를 보내기도 한다. 잘나가다가도 주변의 비난이나 질투로 인해 자신의 길을 잃고 실패하는 경우도 있다. 성공한 사람에게 주위 사람의 비난이나 질투는 항상 따라다니는 그림자와 같다.

기본적으로 이기적인 사람과 똑똑한 사람은 다르다. 똑똑한 사람은 자신이 원하는 것을 얻기 위해 노력하고, 결국은 쟁취하는 경우가 많다. 그래서 다른 사람들의 질투와 시기를 받는다. 언제나 세상은 용감한 사람들의 것이다. 모진 바람과 번개에 굴복한다면 할 수 있는 것이 아무것도 없다. 주변에서 무심코 하는 비난이나 질타를 귀담아 들을 필요가 없다. 필요한 것만 듣고 무시해야 한다. 그렇지 않으면 마음을 다쳐 새로운 도전을 포기하게 된다.

## 행복해지려면 호기심이 많아야 한다

우리는 의도적으로 도전을 해야 기회를 만들어 낼 수 있다. 평범이라는 이름으로 남이 간 길을 무작정 따라가서는 기회를 얻을 수 없다. 도전하기 위해서는 호기심이 필요하다. 호기심은 새롭거나 신기한 것에 끌리는 마음을 말한다.

'우리의 생활을 어떻게 하면 편하게 할 수 있을까?', '새처럼 하늘을 날 수는 없을까?', '저걸 어떻게 하면 알 수 있을까?'와 같은 호기심을 누구나 한 번쯤은 가져보았을 것이다.

물론 이러한 호기심이 호기심으로만 끝나는 경우도 적지 않다. 그러나 어떤 사람들은 의문을 풀기 위해 혹은 문제를 해결하기 위해 돈키호테처럼 다른 사람들이 보기에는 터무니없는 열정을 갖고 달려들기도 한다. 그런데 그것이 생각지 않았던 의외의 결과를 가져오기도 한다. 성경에 나오는 아담과 이브는 호기심 때문에 따먹지 말라는 금단의 열매인 사과를 따먹었다. 호기심이 신의 경고도 무서워하지 않을 정도로 강렬했기 때문이다. 덕분에 여자는 출산, 남자는 노동이라는 형벌을 받으며 인류 최초의 역사가 열리게 되었다.

2002년 10월 9일, 일본의 한 평범한 연구원인 다나카 고이치로가 호기심으로 출발하여 노벨화학상을 수상한 적이 있다. 그의 성장 과정과 연구원 생활은 지극히 평범한 사람들의 모습과 다를 바 없었다. 하지만 호기심 하나로 새로운 분야에 도전하여 최선을 다한 결과, 그는 그해 노벨상 수상자가 되었다.

다나카는 노벨상 수상식 기념 강연에서 "나는 대학에서 화학을 전공한 사람이 아니기에 역대 수상자 중에서 최대의 도전자였다고 생각한다"며 운을 뗐다. 그리고 "나는 샐러리맨 기술자다. 두뇌가 뛰어난 것도 아니고, 전문 지식도 충분하지 않다. 하지만 묵묵히 연구를 해온 결과 놀라운 발견을 할 수 있는 기회를 잡게 되었고, 노벨상까지 수상하게 되었다. 살다보면 이런 일도 일어난다. 나는 호기심이 왕성한 편이어서 모르는 분야에 도전하는 것이 오히려 즐거웠다. 갓 대학을 졸업하고 20대 초반이었다는 사실도 있겠지만, 40대가 된 지금도 새로운 것에 도전하는 것은 자극적이고 즐거운 경험이다"며 소감을 피력했다.

다나카는 자신의 전공과는 무관한 화학에 대한 호기심으로 노벨 화학상을 탔다. 자신의 평범한 삶에서 상식을 벗어 던져버리고 도전을 했기에 가능한 일이었다.

인류 역사의 모든 발전은 호기심에서 시작되었다고 해도 과언이 아니다. 발명왕 에디슨은 사물에 대한 호기심으로 출발하여 아주 기발한 아이디어로 인류의 역사를 발전시켰다. 만약 그가 없었다면 우리는 음악을 들을 수도 없고, 밤에 공부할 수도 없고, 일을 할 수도 없었을 것이다. 에디슨은 어렸을 적 공부도 못하는 말썽꾸러기였다. 그래서 학교에서 쫓겨나기도 했다. 그는 호기심이 너무 많아서 공부는 뒷전으로 미루고 닭의 알을 품는 등의 기이한 행동으로 정상적인 사회생활을 할 수가 없었다. 누가 봐도 에디슨은 문제아였다. 그러나 그 '문제아'가 지금의 인류 역사를 창조해 냈다.

사람은 누구나 호기심으로 인하여 지금의 내가 된 것이다. 우리는 태어나면서부터 주변에 있는 모든 사람이나 사물에 대해 호기심을 가지고 있다. 갓 태어난 어린아이는 사물에 대한 호기심으로 손을 뻗쳐 물건을 잡는 도전을 한다. 6~7개월이 되면 오뚜기 같은 장난감을 손으로 치면서 팔을 움직이면 물체가 따라서 움직이는 것을 신기하게 여기고 같은 행동을 반복하면서 논다. 2세쯤 되면 또래들과 놀 기회가 많아져 남자나 여자의 외모나 목소리에도 흥미를 가지는 등 호기심의 범위도 넓어진다. 3세 무렵이 되면 사물에 대하여 궁금한 것을 자주 물어보게 된다. 그러다 어느 정도 성장하면 호기심이 사라진다. 호기심이 충족될수록 호기심은 더욱 커진다. 호기심을 해결하지 못하는 순간 호기심은 사그라들기 쉽다. 호기심이 사라지는 순간 주변의 모든 것에 대한 관심이 사라지게 된다.

일본의 닌텐도는 세계적인 게임기 회사로 유명하다. 이 회사는 필요한 핵심인재의 조건으로 호기심, 마무리에 대한 집착, 사고의 유연성, 낙관론을 가진 사람을 꼽는다. 호기심이 없는 사람은 죽은 사람과 마찬가지며, 사고의 유연성이 없는 사람은 혼자 사는 사람이며, 낙관성이 없다면 실패만이 기다리는 사람이기 때문이란다.

행복한 삶을 위해서 우리는 항상 '호기심'의 안테나를 세워놓아야 한다. 호기심은 세상에 대한 관심, 내 일에 대한 적극성의 다른 표현이기도 하다. 이런 호기심을 잃지 않는 사람에게는 아무리 어려운 상황 속에서도 행복의 문이 열리기 마련이다.

## 도전은 행복의 원동력이다

열정은 도전의 원동력이다. 행복에 이르는 과정에는 수많은 난관과 시련이 있게 마련이다. 많은 사람들이 수많은 난관과 시련을 이겨내지 못하고 포기한다. 그렇다면 실패와 좌절 속에서 자신의 꿈과 목표에 도달할 때까지 도전할 수 있는 힘은 어디서 오는 것일까? 바로 열정에서 온다. 열정은 불타오르는 듯한 세찬 감정을 말한다.

주변을 돌아보면 불가능해 보이는 목표를 실현하기 위해 무모할 만큼 저돌적으로 돌진하는 사람이 있는가 하면, 작은 난관 앞에서 무기력하게 하루하루를 보내는 사람도 있다. 왜 이런 차이가 생기는 것일까? 열정의 크기나 강도가 왜 사람마다 다른 것일까? 이 문제의 해답을 얻기 위해서는 열정이 무엇에 기인하여 생기는지 살펴볼 필요가 있다.

첫 번째는 사명감이다. 인류를 구원하기 위해 십자가에 못 박힌 예수, 평생을 헐벗고 가난한 사람을 위해 헌신했던 테레사 수녀, 그리고 혁명가로 살다 39세의 젊은 나이에 이국땅 볼리비아에서 죽음을 맞이한 체 게바라 같은 사람들이 좋은 예가 될 것이다. 우리 주변에도 청량리에서 무의탁 노인들을 돌보는 최일도 목사, 음성 꽃동네를 설립하여 불우노인, 장애인을 위해 헌신하고 있는 오웅진 신부 등 많은 훌륭한 분들이 있다.

사명감은 종교인이나 혁명가만의 전유물이 아니다. 1914년 영국군의 의무단에 자원했던 세균학자 플레밍(1881~1955)은 수많은 부상병들이 박테리아로 득실거리는 심한 상처를 고통스럽게 참고 있는 것을 보고 상처 없이 세균을 제거하는 항생제를 찾아내기로 자신의 사명을 정했다. 그 결과 강력한 항생제인 페니실린을 발견했다. 또 퍼스컴 개발에 도전한 PARC연구소의 연구원들은 자신들이 세계를 바꿀 것이라는 사명감에 충만해 있었다. 그리고 결국 전 세계인들이 집에서 편히 사용할 수 있는 개인용 컴퓨터를 개발해 자신들의 도전에 마침표를 찍었다. 이런 사람들은 자신의 사명을 완수하기 위해 때로는 개인의 안락과 부귀영화까지 포기해가면서 열정을 불태운다.

두 번째는 호기심이다. 어릴 적부터 호기심이 많았던 에디슨은 병아리를 낳으려고 직접 알을 품고, 기차간에서 실험을 하다 화재를 내기도 했다. 하지만 결국 세계에서 가장 많은 발명특허로 20세기 인류의 생활을 편리하게 만드는 데 가장 크게 기여한 인물이 되었다.

이 문제에 관해 물론 정답은 없다. 모든 개개인이 자신만의 인생관과 가치관을 갖고 있고 처해 있는 경제적·사회적 위치도 다르기 때문이다. 그러나 한 번밖에 없는 인생을 보다 효율적으로 살아가기 위해서는 호기심을 발현하기 위한 단계별 선택과 집중이 필요하다.

## 행복에 대한 열정이 필요하다

우리는 열정을 어디로 집중해야 할까? 누구에게나 100% 적용될 수 있는 정답은 없겠지만 매슬로우의 욕구 5단계론을 적용하여 일반적인 기준은 제시해 볼 수 있다. 매슬로우는 인간의 욕구가 생존의 욕구, 안전의 욕구, 소속의 욕구, 인정의 욕구, 자아실현의 욕구 등 5단계로 구성되어 있고, 낮은 단계의 욕구를 충족시켜야 다음 단계로 이행한다고 주장했다. 이 이론을 열정에 적용하면 다음과 같이 말할 수 있다.

첫째, 인생의 위기에 직면하여 발등에 불이 떨어져 있는 사람은 우선 살아남기 위해 모든 열정을 바쳐야 할 것이다. 예를 들어 구조조정으로 해고를 당한 사람이라면 새로운 직장을 찾거나 창업을 통해 인생의 새로운 활로를 여는 데 전력투구해야 한다. 이를 위해서는 과거의 경력에 연연하지 않고 새로운 환경에 걸맞게 눈높이를 낮추는 노력과 함께 전직 지원이나 창업지원 프로그램 등을 적극적으로 활용할 필요가 있다.

둘째 지금 당장 직면한 위기는 없지만 미래에 대한 불안감이 있다면 이익이 되는 일에 열정을 집중할 필요가 있다. 좋아하는 일을 해야 이익도 된다는 말을 하지만 이 말은 그다지 신뢰하지 않는 것이 좋다. 호기심이 이익으로 연결되기까지는 상당한 시간이 걸리는 경우가 많고, 그런 시간을 견뎌낼 마음가짐과 비용이 준비되어 있지 않으면 도중에 좌초할 가능성이 높기 때문이다. 차라리 이익을 충분히 확보해놓고 호기심을 추구하는 쪽이 훨씬 더 안전하고 지속가능성이 있는 방법이다. 이익을 추구하기 위해서는 이익과

직결된 직장생활의 설계 및 재설계, 창업 관련 지식이나 재테크 관련 지식 등을 축적하는 노력이 필요하다.

셋째 어느 정도 안전이 확보된 사람이라면 호기심을 갖는 일에 도전할 필요가 있다. 자신이 하고 싶은 일을 한다는 것은 얼마나 가슴 설레는 일인가? 누구나 자신의 일을 하고 싶어 하지만 생존과 안전에 대한 보장이 없었기 때문에 결국 포기하지 않는가? 이제 그런 문제를 걱정하지 않아도 되는 상태라면 마음껏 자신이 하고 싶은 일을 해보는 것도 좋을 것이다.

자신이 하고 싶은 일에 열정을 갖고 몰두하면 창의적 아이디어가 샘솟듯 쏟아져 나온다. 생활에 쫓겨 하고 싶지 않은 일을 하느라 마음의 여유를 제대로 가질 수 없었기에 꽁꽁 묶여 있었던 창의성이 출구를 찾으면서 술술 풀려나오는 것이다. 이렇듯 호기심을 바탕으로 창의적 아이디어를 실천하기 위해 열정을 쏟아붓는 단계에 이르면 매슬로우가 말하는 자아실현 욕구를 충족하는 단계에 이른 것이다.

마지막으로 일상적인 삶의 무게에서 어느 정도 벗어나 하고 싶은 일을 하면서 인생에 어느 정도 여유가 생긴 사람이라면 그렇지 못한 사람들을 위해, 사회와 나라를 위해 자신이 해야 할 일이 무엇인지 진지하게 고민할 필요가 있다. 여유를 가진 사람들조차 오로지 자신만의 이익을 위해 열정을 쏟아붓는다면 그 사회는 자정 능력을 상실한 병든 사회라고 할 수 있다. 그런 사회가 되지 않도록 여유를 가진 사람들이 사명감을 갖고 바람직한 사회 실현을 위해 노력하는 것은 더없이 중요한 일이다. 그것은 개인적으로는 자아실현 욕구를 최고 수준에서 충족시키고, 사회적으로는 모든 구성원들이 공생할 수 있는 최소한의 사회적 자본을 마련하는 것이라고 할 수 있다.

## 도전에는 불가능이 없다

인류 역사는 불가능이라는 말을 믿지 않는 사람들에 의해 변화하고, 발전해왔다. 지금 우리가 살고 있는 사회는 불가능에 도전한 사람들에 의해 창조된 것이다. 아디다스의 한 광고 문구를 보면 다음과 같은 글이 있다.

- 불가능, 그것은 아무것도 아니다.
- 불가능, 그것은 나약한 사람들의 핑계에 불과하다.

- 불가능, 그것은 사실이 아니라 하나의 의견일 뿐이다.
- 불가능, 그것은 영원한 것이 아니라, 일시적인 것이다.
- 불가능, 그것은 도전할 수 있는 가능성을 의미한다.

현존하는 경영자들 중에서 가장 위대한 경영자로 많은 사람들이 잭 웰치(1935~) 꼽는다. 몸집이 크고 둔한 GE를 세계 최고의 기업으로 만든 그의 경영능력을 보았을 때 그는 충분한 자격이 있다. 그는 경영감각이나 창의성과 사람관리, 동기부여 등 리더로서 갖추어야 할 자질이 탁월했고, 도덕적인 CEO였다. '중성자탄 잭'이라는 별명처럼 그는 워크아웃을 통해서 대대적인 사업부와 인력 구조조정에 들어갔고, GE의 모든 사업을 승자와 패자로 구분했다. 그리고 승자의 사업부분은 집중 투자 육성하고, 패자의 사업부분은 매각, 합병, 폐쇄 등의 길을 걷게 했다.

그 과정에서 232개의 생산라인이 멈추고, 73개의 공장이 폐쇄되었으며, 전체 직원 40만 명 중 거의 절반인 18만 명이 직장을 잃었다. 그 결과 GE는 거의 모든 산업에서 1등 기업을 가진, 최고의 경쟁력을 지닌 기업으로 탈바꿈할 수 있었다. 남들은 불가능할 것으로 생각했던 변화를 추구해 GE를 세계 최고의 기업으로 만들었기 때문에 그가 지금까지도 존경받는 CEO로 존재하는 것이다.

# 행복은 도전에 비례한다

게으른 아들을 둔 한 부모가 있었다. 아들은 부모가 해주는 밥을 먹으며 유산을 받아 편하게 살겠다는 생각으로 일을 하지 않았다. 부모는 자식의 삶의 모습이 너무 안타까워 농사짓는 방법을 배우라고 타일렀지만 아들은 전혀 움직이지 않았다. 결국 아버지는 눈을 감으면서 아들에게 "물려줄 유산을 전부 보물로 바꾸어 집 뒤의 야산에 묻어 놓았으니 찾아 써라"는 유언을 남기고 눈을 감았다. 아들은 당황했다. 당장 다음날부터 삽을 들고 야산을 파헤치기 시작했다.

며칠 동안 야산을 파헤쳤지만 보물은 나오지 않았다. 그러나 아들은 멈출 수가 없었다. 아들이 마침내 온 야산을 다 파헤쳤을 때 항아리 하나가 발견되었다. 그 항아리 안에는 보물 대신 아버지가 남긴 글이 있었다. 거기에는 "지금 네가 보물을 찾기 위해 파헤친 야산은 이제 밭이 되었을 것이다. 씨를 뿌려 곡식을 거두어라"라고 쓰여 있었다. 아들은 아버지의 말대로 씨를 부렸다. 결국 아들은 풍년을 맞아 몇 년 동안 먹고 살 수 있는 재산을 모았다.

그 때 아들은 깨달았다. 아버지가 남긴 것은 야산이 아니라 도전하라는 교훈을 남겼다는 것을. 아들은 그 후부터 열심히 일하여 부자가 되었다고 한다.

이 일화는 믿음이 허황된 것일지라도 현실에 안주하기보다는 끊임없이 도전한다면 행복이 실현된다는 교훈을 준다. 사람들은 현재의 생활에 안주할수록 변화를 거부한다. 그러나 행복은 변화를 동반한다. 변화를 꾀하는 사람에게 도전은 행복으로 인도하는 지름길이다. 저자도 처음에는 자격증을 1년에 하나 취득하는 것도 어려웠지만, 꾸준히 시간을 관리하고 도전하다 보니 1년에 몇 개의 자격증을 딸 수 있는 잠재능력을 가지게 되었다.

사람들은 일반적으로 해보지 않은 일에 대한 두려움을 가지고 있다. 그래서 목표를 세우는 것도 어려워하고, 목표를 세워도 쉽게 포기하는 경향이 있다. 그러나 포기하지 말고 모든 것에 도전하면서 자신이 가지고 있는 잠재능력이 어느 정도인지를 평가해 나가야만 한다. 그러다 보면 지금까지는 발견하지 못했던 잠재능력을 발견하게 될 것이고, 이를 개발하고 활용한다면 자아실현의 기쁨을 맛보게 될 것이다. 이러한 자아실현의 기쁨은 지금보다 몇 배 나은 생활을 보장해 준다. 행복한 사람들을 보면 강한 자신감과 도전정신을 가졌다는 것을 알 수 있다. 변화에 대한 두려움으로 도전하지 않는다면 인생에서 자아실현의 기쁨을 포기하는 것과 같다.

아무리 좋은 잠재능력을 가지고 있으면 뭐하겠는가. 그것을 활용할 수 없다면 아무 의미도 없는 것이다. 도전해보라. 포기하지만 않는다면 그 꿈은 반드시 이루어질 것이다.


## 도전은 고독하다


도전하는 사람들은 고독하다. 남들이 간 길을 따라가는 것도 힘들지만 남들이 가지 않은 길을 가는 도전자들은 더욱 고독하다. 그런 뜻에서 도전자는 선구자라고 할 수 있다. 선구자(先驅者)는 다른 사람에 앞서서 어떤 일의 중요성을 인식하여 실행한 사람을 말한다. 세상은 선구자들을 가만 놔두거나 이해해주려 하지 않는다. 다리를 붙잡거나 핀잔을 주고 도전의 의지를 꺾는 경우가 많다.

월드컵에서 4강의 기적을 일구어낸 히딩크는 국민적 영웅이 되었다. 그러나 그의 영입 때부터 막대한 스카우트 비용에 반대하는 사람이 많았다. 초기에는 그의 독특한 용병술과 특이한 훈련방법에 대해 수많은 사람들과 언론들이 하나같이 질타를 했다. 선진 유럽 축구를 우리나라에 적용하는 것이 잘못되었다는 시각과 그의 의식 자체가 우리 문화에 맞지 않는다는 것이었다. 성급한 사람들은 징계론을 들먹이며 쫓아 내자고까지 했다. 그러나 히딩크는 들은 체도 하지 않고 꿋꿋이 자기만의 길을 갔다. 그래서 만들어진 것이 월드컵 4강 신화다. 4강 신화가 이루어진 날 세계는 물론 국내 언론과 국민들도 히딩크에 열광했다.

히딩크의 성공요인은 매우 다양하다. 몇 명의 베스트 멤버 위주인 한국 축구의 문제점을 극복하고 "베스트 멤버는 통상적인 선수 개인의 능력이 아니라 상대방에 대한 전략에 따라 구성한다"는 말로 그는 자신의 전략을 대변했다. 그의 성공요인 중의 하나는 한국적 특색을 배격한 것이 아니라 한국 선수들이 가진 내면의 힘이 발현될 수 있도록 이끌었다는 데 있다. 감독 초기 히딩크의 고뇌와 좌절은 대단했을 것이다. 하지만 모든 일에 자신만의 신념을 가지고 임했기에 세계적인 명장으로 자리매김할 수 있었다.

중국의 저명한 작가 중 《아큐정전》으로 유명한 노신(1881~1936)의 글 중에서 이런 말이 있다.

"희망이란 본래 있다고도 할 수 없고 없다고도 할 수 없다. 그것은 마치 땅 위의 길과 같은 것이다. 본래 땅 위에는 길이 없었다. 걸어가는 사람이 많아지면 그것이 곧 길이 되는 것이다."

그렇다. 희망이 처음부터 있었던 것은 아니다. 선구자가 길을 열고 만들어 갔기 때문에 길이 되었으며, 길을 가는 사람들에게 희망이 된 것이다. 희망은 희망을 가진 사람에게만 존재한다.

## 최고가 아니면 최초에 도전하라

'최고'와 '최초'는 모두 유난히 빛나 보인다. 어느 분야나 최고를 향해 달려가는 사람들은 상당수가 존재한다. '최고'가 되기 위해선 타고난 재능도 중요하지만, 최고가 되고자 하는 피나는 노력도 필수이다. 최정상에 오르기까지는 수많은 고통이 따르겠지만, 그러한 고통과 시련은 최정상에 올랐을 때의 영광이 보답을 해준다. 최고가 되기 위한 과정이 고난의 과정이라 할지라도 최고가 주는 달콤함과 안락함에 비한다면 별게 아닐 수 있다.

'최초'는 말 그대로 이전까지 아무도 하지 못한 그 무엇을 이룬 것이다. 그러나 '최초'는 엄청난 노력도 필요하지만 운도 따라야 한다. 2등은 등급상으로는 바로 한 단계 차이지만 1등의 그림자에 가려서 보이지 않게 마련이다. 실제로 역사 속에서는 이런 일들이 비일비재하다.

1876년 2월 14일 벨은 조수인 윗슨과 함께 사람 목소리를 전달할 수 있는 기계를 발명하는 데 성공한다. 그런데 거의 비슷한 시기에 전화기를 발명한 또 다른 천재 과학자가 있었다. 누구도 그 이름을 기억하지 못하는 엘리셔 그레이(1835~1901)다. 그도 1876년 2월 14일 오후, 자신이 개발한 전화기를 등록하기 위해 특허국을 방문했다. 그레이엄 벨이 전화에 대한 특허를 신청한 것도 바로 그날 오전으로 불과 1~2시간 차이였다. 하지만 그레이는 전화의 실용적 가능성에 대해 그리 심각하게 생각지 않았고, 발명 특허권 보호 신청을 낸 뒤 한가하게도 자신의 재정적인 후원자와 곧 있을 박람회 문제를 협의하기 위해 필라델피아로 떠났다.

그레이는 벨이 사용한 가죽막보다 효율적이었던 금속 진동막을 이용해서 음성을 전달했기 때문에 기능면에서는 훨씬 우수했다. 그러나 불과 몇 시간 차이로 벨이 전화기 특허를 받게 된 것이다. 엘리셔 그레이는 벨보다 더 많은 노력과 시간을 들여 더 좋은 제품을 발명했지만 결국 시간과의 싸움에서 졌기 때문에 최고가 되지 못해 역사의 뒤안길로 사라졌던 것이다.

이처럼 '최초'라는 의미는 사람들의 기억 속에 각인되기 쉽다. 군이 차지하기 쉽지 않은 '최고'의 자리보다 때로는 서툴지만 최초가 나을 수도 있다. 하지만 거기에도 여지없이 시련과 고통은 따르게 마련이다. 그것을 이겨낸다면 '최초'라는 이름 뒤에 따르는 모든 영광은 당신의 것이 될 수 있을 것이다.

시간관리는 삶을 더욱 가치 있게 해준다

## 시간은 인생을 행복하게 변화시키는 마술사

"시간이란 무엇인가?"라고 묻는다면 당신은 뭐라 답하겠는가? 매일 쓰고 있지만, 정작 그것을 정확하게 설명하는 데는 익숙하지 못하다. 시간의 사전적 의미는 '시각(時刻)과 시각 사이의 간격 또는 그 단위'라고 되어 있다. 하지만 그 개념이 너무 추상적이어서 피부에 와닿기에는 한계가 있다.

시간관리를 잘하기 위해서는 시간에 대한 정확한 정의가 필요하다. 시간은 정의하는 방법에 따라 물리적 시간, 심리적 시간, 상대

적 시간으로 나눌 수 있다. 이들은 똑같은 시간이지만 어떻게 보는
가에 따라 엄청난 차이가 있다.

물리적 시간은 과학적으로 검증한 상태의 변화를 말한다. 물리
적으로 시간에 대해서 최초로 검증한 것은 1967년 국제도량형총회
에서였다. 거기서 세슘 원자가 91억 9,263만 1,770번 진동하는 데
필요한 시간을 1초라고 정의했다. 이러한 1초가 60개 모여 1분이
되고, 1분이 60개 모여 1시간이 되고, 1시간이 24개가 모여 하루가
되고, 하루가 7개가 모여 1주일이 되고, 주가 4~5개가 모여 1달이
되고, 1달이 12개가 모여 1년이 되는 것이다.

뉴턴은 물리적 시간은 일정한 속도로 흐르고, 한 번 가면 다시 돌
아오지 않으며, 저장이 불가능하다고 했다. 따라서 물리적 의미의
시간은 누구에게나 공평하게 주어지는 시간을 말한다. 즉 물리적
시간은 가난하거나 부자이거나, 많이 배우거나 못 배운 사람 모두
에게 공평하게 주어진다. 다만 주어진 수명에 따라 80년이 주어지
는 사람이 있고, 100년이 주어지는 사람이 있을 뿐이다.

심리적 시간은 사람에 따라, 마음을 어떻게 갖느냐에 따라 시간
의 빠르고 늦음을 인식한다. 즉 같은 시간임에도 불구하고 사람에
따라 "시간이 빠르게 간다" 혹은 "시간이 느리게 간다" 등으로 느끼
는 시간을 말한다. 결국 심리적 시간은 같은 시간이 주어져도 사

용하는 사람의 마음에 따라 길게도 느껴지고 짧게도 느껴지는 것이다.

상대적 시간은 똑같이 주어지는 시간임에도 불구하고 사람에 따라 "시간이 가치가 있다" 혹은 "시간이 가치가 없다"와 같이 상대방과의 비교를 통해 느끼는 시간의 가치를 말한다. 상대적 시간은 사람마다 시간을 어떻게 보내느냐에 따라 시간의 가치를 다르게 느끼게 한다.

이처럼 물리적 시간은 똑같이 주어지지만 사람마다 체감하는 시간의 속도와 가치는 다르다. 저자가 시간이 마술사라고 생각하는 이유가 여기에 있다. 세상에 태어나 주어진 시간은 비슷한데 시간에 대해서 어떠한 생각과 태도를 갖느냐에 따라 인생의 결과가 달라지기 때문이다.

## 1초의 소중함을 알면 행복이 보인다

가끔 외국의 유명한 마술을 보면 공중에 매달린 상자 안에 마술사가 사슬과 자물쇠에 묶여 베일에 가려진 채 등장한다. 그리고 관객들에게 마술사가 들어 있는 상자가 바닥으로 떨어져 부서지는 것을 보여준다. 그런데 결과적으로 마술사들은 관객들의 조바심을 불러일으켜 놓고는 항상 어김없이 정해진 내에 탈출에 성공한다. 만약 그 마술사에게 1초가 부족해 자물쇠와 사슬을 풀지 못하면 어떻게 될까? 정말 끔찍한 일이 발생할 것이다.

우리 삶에서도 1초 때문에 희비가 엇갈린 상황이 있었을 것이다. 가령, 1초가 부족하여 시험장에서 답을 제대로 쓰지 못해 불합격했거나, 1초만 더 일찍 나왔으면 사고를 피할 수 있었거나, 1초만 먼저 출발했으면 면접장에 제때 도착할 수 있었던 상황 등 1초 때문에 울고 웃은 적이 있을 것이다. 이처럼 1초는 매우 짧지만 어떤 때는 인생의 기로에 서게 하는 역할도 한다.

EBS 교육방송의 프로그램인 〈지식채널e〉에서 방영한 '1초'를 보면 1초가 얼마나 소중한 시간인지를 느낄 수 있다. 다음은 그 프로그램에서 소개한 1초 동안 일어날 수 있는 일들이다.

- 재채기 때 터져 나오는 침이 공기저항이 없을 때 100m를 날아가는 시간
- 투수를 떠난 공이 배트에 맞고 다시 투수에게 날아가는 시간
- 인간의 주먹이 1톤의 충격량을 만들어 내는 시간
- 총구를 떠난 총알이 900m를 날아가 표적을 관통하는 시간

- 대지를 적시는 비 420톤이 내리는 시간

- 빗방울을 피하기 위한 달팽이가 1cm를 통과하는 시간

- 두꺼비의 혀가 지렁이를 낚아채는 시간

- 지구가 태양으로부터 받는 486억kw의 에너지를 얻는 시간

- 새로운 생명 2.4명이 탄생하는 시간

- 1.3대의 승용차와 4.2대의 텔레비전이 만들어지는 시간

- 5,700리터의 탄산음료와 51톤의 시멘트가 소모되는 시간

- 22명의 여행자들이 국경을 넘는 시간

- 79개의 별이 우주에서 사라지는 시간

- 우주의 시간 150억 년을 1년으로 축소할 때 인류가 역사를 만들어간 시간


참으로 작고 짧지만 1초는 너무나도 많은 일들이 일어나기에 충분한 시간이다. 이처럼 우리 삶에서 아주 작다고 느껴지는 1초는 아주 큰 의미를 지닌다. 이러한 1초가 모여 하루가 되고, 1년이 되고, 평생이 되는 것이다. 따라서 아주 작은 1초라도 유용하게 써서 시간을 관리하는 습관을 기른다면 우리는 평생을 윤택하게 살게 된다. 마치 아주 작은 1초라는 시간이 모여서 우리의 삶이 되듯 시간관리의 시작은 1초의 위대함을 깨닫는 데서 시작된다.

# 자투리시간을 줄이면 행복한 시간이 된다

시간이란 한번 지나면 다시는 돌아오지 않으므로 항상 신중히 생각하여 행동해야 한다. 우리는 시간의 중요성에 대한 말들을 흔히 접할 수 있다. 대표적인 예로 "시간은 금이다", "하루 5분이면 인생이 바뀐다", "하루하루를 마지막 날인 듯 보내야 한다", "세월은 화살과 같이 지나간다" 등과 같이 하루하루를 의미 있게 보내라는 말을 들 수 있다. 이처럼 시간이 소중한 것은 우리 인생에서 가장 가치 있는 자산 중 하나이기 때문이다.

하지만 그렇게 소중한 자산을 제대로 관리하지 못하는 사람이 의외로 많다. 물이나 공기처럼 항상 있다고 생각하기 때문에 소중히 여기지 않는 것이다. 시간관리를 잘못하는 상태에서 성공한 사람이 되겠다는 것은 도전은 하지 않고 마음으로만 성공을 꿈꾸는 것과 같다. 성공한 사람들은 시간관리에서 성공한 사람들이었다는 것을 아는가? 그들은 시간의 중요성을 깨닫고 많은 시간을 자신의 발전에 투여해 성공했고, 나아가 효율적인 시간관리를 통해 성공을 굳힌 것이다.

일본에 가본 사람은 알 것이다. 일본 사람들은 바쁜 출퇴근길에도 기차나 전철 안에서 독서를 한다. 모두들 스마트폰에 고개를 박고 있는 우리나라의 출퇴근 시간과 비교가 되지 않는가. 이러한 자투리시간이 1년, 10년이 되면 어떤 차이가 발생할지 생각해본 적 있는가.

자기계발을 위한 시간을 내는 데 대하여 많은 사람들이 바쁘다는 핑계를 댄다. 그렇다면 우리에게는 그러한 자투리시간조차도 없는 것일까? 궁색한 변명이 아닐 수 없다. 시간관리란 궁극적으로 자신에게 주어진 시간을 면밀히 분석하여 쓸모없는 곳에 시간을 낭비하지 않고, 사용습관도 최소한의 시간에 최대한의 효과를 보기 위해 노력하는 것이다. 하루를 돌이켜 보라. 활용할 수 있는 얼마나 자투리시간이 많은가. 그 시간만 모아서 잘 관리해도 웬만한 성공은 쉽게 거둘 수 있다. 그러나 시간이 많다고 성공을 보장하는 것은 아니다. 주어진 시간을 어떻게 하면 짜임새 있게 잘 사용하느냐가 성공의 관건이 된다.


## 장애물을 제거하면 시간관리가 보인다


벤자민 프랭클린(1706~1790)은 시간에 대하여 이렇게 말했다.

"그대는 인생을 사랑하는가? 그렇다면 시간을 낭비하지 마라. 왜냐하면 시간은 인생을 구성한 재료니까. 똑같이 출발했는데, 세월이 지난 뒤에 보면 어떤 사람은 뛰어나고 어떤 사람은 낙오자가 되어 있다. 이 두 사람의 거리는 좀처럼 접근할 수 없는 것이 되어 버렸다. 이것은 하루하루 주어진 시간을 잘 이용했느냐 이용하지 않고 허송세월을 보냈느냐에 달려 있다."

그는 시간을 잘 활용하는 사람과 잘 못 활용하는 사람 간에는 큰 차이가 생기는데, 그것이 성공하느냐 성공하지 못하고 낙오자가 되느냐를 결정짓는 중요한 기준이라고 했다. 굳이 거창한 성공을 꿈꾸지 않더라도 미래를 위해서, 우리의 인생을 아름답게 하기 위해 시간관리를 해야 한다.

그러나 시간관리를 하지 않고 잘살던 사람들의 경우에는 '시간관리가 나에게는 필요 없다'고 생각할 수도 있다. 그러나 나폴레옹은 미래에 마주칠 재난은 우리가 소홀히 보낸 어느 시간에 대한 보복이니 시간을 소홀히 보내지 말라고 경고했다. 우리가 갓난아기 때는 말을 하지 못했지만 교육과 연습을 통해 말을 익혔듯이, 시간도 노력을 기울인다면 충분히 관리할 수 있을 것이다. 그러기 위해서는 시간관리를 해야 하는 필요성을 느끼고, 시간관리를 어렵게 하는 장애 요인을 제거하는 것이 중요하다.

# 시간을 관리하면 인생이 행복해진다

인류는 역사의 시작과 함께 "어떻게 하면 인생을 즐겁게 살 수 있는가?"라는 것을 규명하기 위하여 많은 연구를 했다. 인생을 즐겁게 산다는 것은 원하는 목표를 달성하는 것을 의미한다. 원하는 목표는 사람에 따라 돈을 많이 버는 것일 수도 있고, 공부를 많이 하는 것, 많은 것을 가지는 것, 취미생활을 즐기는 것, 가족과 함께 많은 시간을 보내는 것 등 수없이 많을 것이다. 혹자는 이런 것을 성공이라고 표현한다.

그런데 원하는 목표를 달성하기 위해 필요한 요소가 있다. 바로 시간이다. 시간이 있어야 돈도 벌고, 공부도 할 수 있고, 취미생활과 가족과 시간을 보낼 수 있기 때문이다. 문제는 시간이 누구나에게 공평하게 주어진다는 데 있다. 그러나 똑같이 주어지는 시간도 어떻게 사용하느냐에 따라 전혀 다른 결과를 가져올 수 있다.

시간관리 전문가인 마이클 포티노는 수년간 수백 명을 대상으로 시간의 사용형태를 연구한 결과, 인간이 일생의 절반 이상을 의미 없는 행동으로 소비한다는 것을 발견했다. 그의 연구 결과에 따르면, 미국인들이 평균 70세까지 산다고 가정할 때, 하루 수면시간을

8시간으로 가정하면 평생 자는 데 보내는 시간이 23년, 매일 목욕탕과 화장실에서 보내는 시간을 하루에 2시간씩 잡으면 평생 6년, 매일 먹는 데 보내는 시간을 하루에 3시간을 사용하면 8년, 줄 서는 데 기다리는 시간 5년, 집안 청소하는 데 보내는 시간 4년, 미팅이나 회의에 보내는 시간 3년, 자리에 없는 사람 전화 바꿔주는 데 2년, 물건 찾는 데 1년, 우편물을 여는 데 8개월, 빨간 신호등에서 대기하는 데 6개월 걸린다고 한다. 이 모든 시간들을 합치면 무려 52년이 되고, 결국 일하는 데 사용하는 시간은 18년밖에 안 된다는 것이다.

또한 마이클 포티노에 의하면 하루 24시간 중 자기가 활용할 수 있는 시간은 9시간 남짓이라고 한다. 사람들은 하루 24시간 중 9시간을 가지고 직장에서 일도 하고, 친구도 만나고, 가족과 함께 하고, 취미생활을 하고, 자기계발을 한다. 여기서 8시간을 직장에서 보내는 시간이라고 가정한다면 나머지 1시간만이 자기가 하고 싶은 일을 할 수 있는 시간이라는 뜻이다. 우리는 정작 일생의 반 이상을 의미 없는 행동에 사용하고, 정작 하루 중 1시간만 자기가 하고 싶은 일을 하면서 시간에 쫓기며 사는 것이다.

그렇게 본다면 결국 시간관리를 잘 해야만 여유 있게 원하는 목표를 달성하며 살 수 있음을 뜻한다. 시간관리는 원하는 목표를 달성하는, 즉 성공하기 위한 필수조건이다. 바꾸어 말하면 시간관리야말로 성공이라는 문으로 들어가는 중요한 통로이며 수단인 것이다.

이미지를 바꾸면 행복이 찾아온다

## 행복해지려면 이미지 메이킹을 하라

인간관계가 복잡해지는 21세기는 이미지의 시대라 할 수 있다. 이미지가 좋은 사람은 하는 일마다 도움을 받거나 잘되는 경우를 볼 수 있다. 결국 좋은 이미지를 만듦으로써 하는 일마다 잘된다면 그것이 바로 행복인 것이다.

과거 생활이 어려웠을 때는 먹고사는 데에만 관심을 기울여 외모에 신경 쓸 여력이 없었다. 하지만 최근에는 여성들은 물론 남성들도 피부관리나 안티에이징에 많은 비용을 지출하고 있다. 이처럼 사람들이 이미지에 관심을 가지는 것은 남들에게 잘 보이고 싶은 인간의 기본적인 욕구 때문이다. 성형을 전문으로 하는 병원과 미용 관련 산업이 고부가가치 산업으로 성장한 것만 보아도 이미지가 얼마나 중요한 요소가 되고 있는지를 알 수 있다.

'이미지'는 라틴어 imago(흉내 내다를 뜻하는 imitari와 흉내 낸 것을 뜻하는 ago의 합성어)가 그 어원으로, 사전적으로는 형태나 모양, 느낌, 영상, 관념 등을 나타낸다. 특히 사람의 경우에는 외적인 모습, 심상, 또는 상징, 표상 등으로 정의할 수 있다. 그렇다면 이미지와 이미지 메이킹은 어떤 차이가 있을까? 이미지가 '눈에 보이지 않는 어떤 것을 머릿속에 재현하는 일'인 반면, '이미지 메이킹'은 어떤 목표나 상황을 이미지화하여 실제로 실현시킬 수 있게 도와주는 매커니즘이라고 할 수 있다. 즉 이미지 메이킹은 자신의 이미지를 다른 사람에게 언제 어디서든 그 상황에 맞춰 필요한 사람으로 만들어 주고, 그 능력을 배가시켜 주며, 나아가 잠재능력을 밖으로 표출시켜 활동력 있고 자신감 있는 사람, 호감을 주는 상품, 조직으로 보여주는 것이라고 할 수 있다. 그리고 이렇게 자신을 가꾸고 만들어 가는 과정은 우리 삶을 행복하게 만드는 중요한 요소가 된다.

이미지 메이킹의 기본원리는 자신의 외적 이미지를 강화하여 긍정적인 내적 이미지를 끌어내는 시너지 효과(synergy effect : 상승효과)를 얻는 것이다. 이미지 메이킹은 우리가 원하는 이미지를 스스로 조절함으로써 원하는 목표에 다가가고 실현하도록 해 행복한 마음을 갖게 해준다.


## 이미지가 바뀌면 행복이 달라진다


다른 사람들의 좋은 이미지를 따라 한다고 해서 그것이 자신의 이미지가 되는 것은 아니다. 억지스레 짓는 미소도 자신의 이미지가 될 수 없다. 자신의 이미지를 찾는 일은 자신의 외모 또는 성격과 자신의 노력에 달려 있다.

이미지를 형성하는 다양한 요소들은 사람을 만나는 처음부터 끝까지 영향을 주는 것이 아니다. 시간이 지남에 따라 영향을 주는 판단 요소들도 변화한다. 따라서 상대방에게 좋은 인상이나 강한 인상을 주기 위해서는 이미지를 형성하는 요소들을 시간이 지남에 따라 적절히 활용할 필요가 있다. 다음 표는 시간에 따라 달라지는 이미지의 특징과 판단요소이다.

| 구분 | 직업 | 친밀도 |
|---|---|---|
| 첫인상 | ·외모에 의해서 일방적으로 평가한다.<br>·5~6초 안에 신속하게 이뤄진다.<br>·외모만 보고 성격이나 신뢰감에 대해 연상한다.<br>·단 한 번뿐이다.<br>·긍정적, 부정적인 마음을 갖는다. | 표정, 모습,<br>인사, 자세, 동작<br>이미지 등 |
| 중간인상 | ·첫인상에 의해 지속적으로 영향을 받는다.<br>·부정적인 첫인상을 바꿀 수 있는 유일한 시기이다.<br>·긍정적인 첫인상을 강화하는 시기이다.<br>·생각을 행동으로 실천하는 시기이다. | 행동과 대화가<br>대부분의<br>이미지를 차지 |
| 끝인상 | ·긍정적인 생각을 한다고 느끼면 소홀하기 쉽다.<br>·긍정적인 중간인상을 각인시키는 과정이다.<br>·신뢰감을 형성한다. | 감사 인사, 행동,<br>전화, 시선 등 |

## 인상은 그 사람의 삶을 반영한다

의학계에서는 우리의 얼굴 근육이 뇌의 명령을 그대로 표현하며, 사람의 표정이 무려 7천여 가지나 된다고 말한다. 이 숫자는 얼굴에 있는 40여 개의 크고 작은 표정 근육들의 움직임을 수학적으로 조합한 것이다. 이 표정 근육이 항상 일정한 방향으로 계속 움직이면서 주름을 만든다.

그래서 부정적인 생각이나 너무 심각한 생각을 하는 사람은 인상이 어두워진다. 연구직처럼 오랫동안 한 분야에 몰두하거나 공부한 사람들의 근육은 더 경직되어 학자의 얼굴이 되고, 동심을 가지고 사는 사람들은 어른이 되어서도 동안이 된다. 또한 남을 괴롭히거나 폭력적인 생각만 하다 보면 범죄자의 얼굴이 된다. 어릴 때부터 못생긴 얼굴로 인해 미움을 받거나, 아름다운 얼굴을 가진 덕분에 사랑을 받아왔다면, 그 역시 성격 형성에도 중요한 영향을 끼쳐 인상에 다시 반영되어 나타난다. 그 이유는 뼈는 달라지지 않지만 근육을 쓰는 부위에 따라 주름살도 생기고, 살의 위치나 탄력이 달라지기 때문이다.

얼굴 형태가 삶에 끼치는 영향을 보면 타고난 선천적인 얼굴에 의해 20% 정도 영향을 받는 반면, 자신이 후천적으로 만들어 가는 얼굴에 의해 80%가량 영향을 받는다고 한다. 따라서 그 사람의 인상은 삶을 반영하는 거울이 된다. 심지어 한날한시에 태어난 쌍둥이조차 인성에 따라 얼굴이 달라진다.

갓 태어난 아기의 얼굴은 대개 천진난만하고 귀여운 인상을 하고 있다. 그러나 여러 가지 외부 환경의 자극에 의하여 정신적인 반응이 얼굴 근육을 변화시켜 인상이 점차 변해간다. 따라서 우리의 인상은 선천적이라기보다는 후천적이라 할 수 있다. 링컨은 "40대가 되면 자기 얼굴에 책임을 져야 한다"는 말을 했다. 사람의 인상은 어떤 생각을 가지고 어떻게 살았는지를 반영한다. 인생을 긍정적으로 행복하게 산 사람들의 인상에서는 편안함을 느낄 수 있고, 삶이 순탄하지 않은 사람들의 인상에서는 고단함을 느낄 수 있다.

얼굴이란 한 송이 꽃과 같다. 못생긴 꽃은 없다. 설령 꽃이 졌다 해도 뿌리가 살아 있다면 관리를 잘해 다시 한 번 예쁜 꽃을 피울 수도 있다. 그 뿌리는 인간으로 치자면 마음이다. 마음을 긍정적으로 가진다면 인상은 얼마든지 바꿀 수 있다. 그러니 나쁜 인상을 탓하지 말고 마음속의 부정적인 요인들을 제거하여 긍정적인 마음을 가지는 것이 중요하다.

인상은 마음에서 나온다. 그 원인은 주어지는 것이 아니라 자기가 만든다. 좋은 인상은 단순히 생각만으로 만들어지지 않는다. 좋은 인상을 가진 사람들을 보면 공통적으로 좋은 것만 하려고 하고, 아름다운 것만 보려고 하고, 즐거운 것만 생각하며, 남을 사랑하고, 자신을 희생하며, 겸손하게 사는 것을 발견할 수 있다. 이렇게 긍정적으로 사는 사람의 인상이 험악할 리 없으며, 건방지고 교만할 리 없다. 이처럼 인상은 습관이 만들어낸다. 인상에는 그 사람의 생각과 경험과 습관이 담겨 있다.

## 외모보다는 표정에 투자하라

혼자 있는 엘리베이터에 다른 사람이 함께 탔다고 생각해보자. 험한 표정을 가진 사람이 탔다면 빨리 나가고 싶을 것이다. 호감이 가는 사람이 탔다면 엘리베이터가 고장 나 멈추기를 바랄 것이다. 이처럼 호감 가는 밝은 표정을 가진 사람의 주변에는 사람이 모이게 마련이다. 자연히 표정에 따라 행운의 기회도 차별적으로 적용된다.

결혼상담소를 찾는 사람들이 사진으로 배우자감을 고를 때 가장 선호하는 유형은 명랑하고 밝은 표정을 가진 얼굴이라고 한다. 아무리 잘생긴 얼굴이라 할지라도 얼굴에 그늘이 있거나 신경질적으로 보이면 인기가 없다고 한다. 표정은 마음가짐의 표현이다. 따라서 좋은 표정을 가지려면 날마다 자기관리가 필요하다. 좋은 표정을 위한 자기 관리는 다음과 같다.

- 하루의 얼굴은 전날 밤부터 만들어진다. 푹 자고 일어난 얼굴에는 건강하고 밝은 표정이 감돈다. 그러나 과음을 했거나 푹 자지 못한 얼굴은 피곤해 보이고 어둡다.

- 불쾌한 일을 당했거나 미워하는 사람이 생기면 잠들기 전에 마음을 정리해야 한다. 그렇지 않으면 얼굴이 굳어지게 된다. 마음을 아프게 하는 일이 있다면 부정적인 쪽보다는 희망적인 쪽으로 생각해야 한다. 예를 들면 '더 나쁜 일이 생길 걸 이걸로 때웠다'고 생각하는 것이다. 이렇게 하루하루 마음을 정리하고, 매일 새로운 출발을 한다면 얼굴은 항상 빛이 날 것이다.

- 아침에 일어나면 우선 얼굴색과 윤기를 체크해야 한다. 만약 얼굴에 윤기가 사라졌다면 우선 질병을 의심해보아야 한다.

- 사람을 만났을 때는 사랑하는 사람을 대한다는 생각으로 표정을 짓는다. 그러면 호감을 얻는 표정이 될 것이다.

- 항상 긍정적인 생각을 한다. 그러면 자연스레 표정에 여유가 생긴다. 표정에 여유가 생기면 상대방을 편하게 만들어 준다.

- 항상 미소 띤 얼굴을 가진다. 우리 옛말에 "웃는 얼굴에 침 못 뱉는다"라는 말이 있다. 미소 앞에서는 미움도 사라진다. 그리고 주변 어른은 물론 동료, 후배들에게까지 인기가 좋아진다.

# 이미지 메이킹에도 전략이 있다

이미지 메이킹은 선천적이기보다는 후천적인 노력에 의하여 만들어진다. 따라서 당신이 원하는 목표를 달성하기 위해서는 부단한 연습이 필요하다. 다른 사람에게 좋은 이미지를 주기 위해서는 다음의 5단계를 거쳐야 한다.

• 1단계 : Know yourself(자신을 알라)

성공적인 이미지 메이킹을 위해서 가장 먼저 해야 하는 것은 자신에 대해 정확히 아는 것이다. 자신의 장점과 단점을 분류해서 장점은 살리고 단점은 보완해 나가야 한다.

• 2단계 : Develop yourself(자신을 계발하라)

자신의 장점을 살리고 단점을 보완하면 기본은 된 것이다. 이제

는 자신만의 개성이나 장점을 더욱 가치 있게 만들어 상대방에게
긍정적인 관심을 갖도록 해야 한다.


• 3단계 : Package yourself(자신을 포장하라)


자신만의 특색 있는 개성을 계발했다면 돋보이도록 포장해야 한
다. 복장이나 화장 등 외형적인 것부터 내면적으로 교양이나 언어
구사력에 의해서도 포장이 가능하다.


• 4단계 : Market Yourself(자신을 팔아라)


남들에 비하여 가치가 빛나 보이다면 이제 당신을 팔 준비를 해
야 한다. 그러기 위해서는 자신을 살 수 있는 상대방을 만나야 하
며, 그 첫 만남에서 자신을 살 수 있도록 이미지 형성요소를 종합
적으로 적절히 사용해야 한다.

• 5단계 : Be yourself(자신에게 진실하라)

상대방을 만나는 동안 진실하게 보여야 한다. 한순간을 위하여 가식적인 이미지를 보인다면 상대방은 언젠가 정확한 평가를 하게 된다. 따라서 지속적으로 좋은 관계를 유지하기 위해서는 진실한 마음으로 대하여 나에 대한 신뢰감을 충분히 심어줘야 한다.

건강이 행복을 오래가게 한다

## 건강을 잃으면 모든 것을 잃는다

당신은 인생에서 제일 중요한 것이 무엇이냐고 물으면 무어라고 답하겠는가. 이 물음에 대부분의 사람들은 건강이라고 답한다. "돈을 잃으면 조금 잃은 것이요, 명예를 잃으면 많이 잃은 것이요, 건강을 잃으면 전부를 잃은 것이다"라는 말도 있듯이 건강은 인생에서 가장 중요한 요소임에 틀림없다.

그래서 그런지 요즘 사람들은 건강에 대한 관심이 매우 높다. 많은 사람들이 헬스장이나 운동 프로그램을 등록해 땀을 흘린다. 심지어는 과도한 건강 염려증까지 가진 사람들도 있다. 이처럼 중요한 것이 건강인데, 소홀히 하는 사람도 의외로 꽤 많다. 평소에는 까맣게 잊고 살다가 병들거나 병원에 가서야 비로소 건강을 떠올리는 경우가 대다수다.

그렇다고 해서 건강을 입에 달고 산다고 해서 꼭 건강한 삶을 사는 것도 아니다. 오히려 건강에 너무 관심을 가진 사람이 일찍 죽는 경우도 있고, 반대로 너무 바빠서 전혀 신경 쓰지 못하지만 건강하게 장수하는 경우도 있다. 그렇게 보면 건강은 단순히 신체적인 관리 이상의 것임을 알 수 있다. 저자는 오히려 건강이 신체 안에 있는 마음에 있다고 생각한다. 마음이 즐겁다고 생각하면 몸이 건강해지지만, 마음이 즐겁지 못하면 아무리 시간적 여유가 있고 좋은 음식을 먹어도 몸을 해치기 때문이다.

최근 통계청이 내놓은 '한국인의 사망원인 분석'에서 10~30대의 경우, 자살이 교통사고 다음의 최대 사망원인으로 나타났다. 건강하고 탱탱한 몸을 갖고 있음에도 불구하고 살고 싶어 하지 않는 사람들이 대다수라는 사실이 그저 놀라울 따름이다. 건강하면 모든 것을 다 가지고 있는 것이나 다름없는데 그들은 왜 그렇게 죽으려고 하는 것일까? 몸이 건강하다고 해서 고민과 절망이 없어지는 것이 아니기 때문이다. 결국 건강은 신체의 건강과 정신적 건강이 공존해야 한다고 말할 수 있다.


## 행복과 건강, 웰빙은 마음에서 시작된다


2000년대 들어 사람들의 라이프 스타일을 소개하는 신조어로 등장한 단어가 있다. '웰빙'이다. 웰빙은 행복한 인류, 보다 나은 삶, 가정의 안녕, 바람직한 사회복지 등과 같이 이전에 비해 삶의 질을 높여야 한다는 당위성을 내포하고 있는 용어이다. 생활 수준이 향상됨에 따라 '삶의 질'과 '웰빙'이라는 말은 시대를 풍미하는 유행어가 되었다.

웰빙의 첫걸음은 뭐니 뭐니 해도 건강이라고 할 수 있다. 특히 장수사회로 접어들면서 몸과 마음이 건강하고 젊어져야 한다는 생각은 모든 사람의 관심거리가 되었다. 과거에는 늙지 않으려면 비싸고 구하기 힘든 특별한 음식이나 약을 먹어야 한다고 생각하는 사람이 많았고, 젊음을 유지한다는 것은 부자들만의 특권으로 여겼다. 그러나 노령화사회로 접어든 지금은 모두가 죽을 때까지 젊고 건강하게 사는 것이 당면 과제가 되었다. 이런 추세에 따라 누구나 쉽게 실천할 수 있는 실용적이고도 경제적인 노화방지 프로그램이 절실해지고 있다.

웰빙은 말 그대로 건강한 인생을 살자는 의미를 담고 있다. 여기에는 물질적 가치나 명예를 얻기 위해 앞만 보고 달리는 대신 건강한 정신과 신체라는 균형 있는 삶을 구현하고 행복을 추구하는 라이프 스타일을 포함하고 있다.

하지만 언론 매체를 통한 웰빙이 유행처럼 번지면서 웰빙 요가, 비싼 유기농 식재료 등 물질적 풍요와 지나치게 고급화한 상품에 대한 집착으로 그 의미가 왜곡되는 경향이 있다. 여기서 우리는 웰빙의 진정한 의미를 되새겨 볼 필요가 있다. 웰빙의 진정한 의미는 물질 만능의 세계와는 거리가 멀다. 나와 내 가족만의 행복을 추구하는 이기적이고 타산적인 생활양식이 아니라 타인과 사회를 생각하고, 자연을 가꾸고 아끼며, 묵묵히 실천하는 데 그 참 뜻이 있다.

웰빙은 단순히 몸에 이로운 것만을 찾아 잘 먹고 잘사는 인생을 뜻하는 것이 아니다. 진정한 웰빙은 정신적으로 풍요롭고 육체적으로 건전한 삶의 문화라고 할 수 있다. 진정한 웰빙은 고정관념을 깨뜨리는 자아의식, 긍정적인 삶의 가치관, 부드러운 몸가짐, 아름다운 미소, 함께 나누고 가꾸는 정신, 자연을 사랑하는 마음 등을 통해 이루어진다.

# 병은 잘못된 식습관의 결과

우리 생활 속의 음식 재료들은 단순한 먹거리를 넘어 천혜의 자연에서 얻어진 귀한 선물이라고 할 수 있다. 그 재료들이 물과 열, 소금 등 조미료와 결합하면 우리가 먹는 음식물이 된다. 그것이 우리 뱃속으로 들어가면, 의식 상태나 소화기 및 건강 상태 등에 변수를 일으킨다. 음식을 섭취하면 체질에 따른 조화와 부조화, 그리고 얼마나 영양분으로 흡수되고 방출되는지 등에 따라 우리 몸은 화학적 반응을 일으킨다.

그뿐만이 아니다. 우리가 하는 육체적·정신적 행위도 우리 몸에 영향을 미친다. 물론 이러한 모든 것들이 일시적인 경우에 우리 몸은 다시 원상태로 돌아오지만, 반복되면 그것을 정상으로 받아들여 신체의 근본적인 변화를 불러온다. 우리 몸이 아픈 것도 바로 이러한 것들의 영향을 받는다. 즉 습관에 따라 우리의 건강이 좌우되는 것이다. '습여성성(習與性成)'이라는 말이 있다. "습관이 오래되면 마침내 천성이 된다"는 뜻이다. 즉 올바른 습관을 가졌느냐 나쁜 습관을 가졌느냐에 따라 사람이 살기도 하고 죽기도 한다.

지금 현대인들의 먹을거리는 대부분이 대량생산, 대량소비의 공장생산 체제로 만들어진다. 과거에는 화학비료나 농약이나 수은이 함유된 제초제를 뿌리지 않고도 신선한 식품을 취할 수 있었다. 지금은 깨끗하게 보이기 위한 정백식품을 비롯해 육식의 과잉 출하와 화학물질로 가득한 인스턴트 식품, 공장에서 만든 가공식품의 전성기다. 이러한 식품들을 우리는 아무런 거리낌이나 비판 없이 먹고 있다.

암은 바로 이러한 실태가 주는 대표적 결과물이라 할 수 있다. 공장에서 만든 식품을 자주 먹으면 우리 몸이 오염될 수밖에 없다. 한마디로 현대 문명사회는 호흡하는 공기를 비롯해 먹거리에 이르기까지 거의 대부분이 공해와 중금속 덩어리다. 특히 과거 인류가 걸리던 외적요인에 의해서 생긴 병 – 대체로 전염성, 세균성 질병 – 과는 달리 현대에는 공해물질로 만들어진 식품을 섭취함으로써 체내에 일어난 내적인 변이나 대사장해(代謝障害)와 같은 식원병(食源病)이 주를 이루고 있다.

이런 여러 가지 상황을 통해 살펴보았을 때 현대인들이 가장 많이 걸리는 병인 암도 대표적인 식원병이라 할 수 있다. 암은 유전병이 아닌 일상생활에서의 식습관 등이 매우 중요한 생활 질병이다. 우리 삶은 식생활의 서구화, 인스턴트에 길들여진 편식, 위에 부담을 주는 야식, 화가 나서 먹는 폭식, 체질은 뒷전인 미식 등은 위장과 간, 췌장에 무리를 주고 그로 인하여 장기 기능이 떨어지는 악순환이 반복되고 있다.

따라서 건강하게 오래 살고, 삶의 거의 모든 것이라는 건강을 지켜내려면 식생활 및 습관을 관리하고, 생활 전반의 변화와 개혁을 해야 한다. 이제는 못 먹어서 아픈 것이 아니라 오히려 너무 많이 먹어서 아픈 상황에 직면했다. 우리 건강을 해치는 생활적인 부분들을 점검하고, 이를 개선해야 99세까지 팔팔하게 살 수 있다.

## 셀프 힐링의 무한한 가능성

'셀프 힐링'은 외부의 약을 쓰지 않고 충분히 자신의 생리적 기능을 유용하게 활용해서 순수한 몸을 만든다는 것을 목적으로 한다. 우리는 흔히 건강을 위한다는 목적으로 약이나 보약을 복용한다. 하지만 '남이 좋으니까 나에게도 좋겠지'라는 타성에 젖어 하는 행위라면 그것은 독극물이 된다. 만약 그렇게 된다면 약은 또 다른 약을 불러들이고 끝내 불치병, 난치병으로 갈 수밖에 없다.

약리학 교과서의 맨 앞장을 보면 "약은 독이다"라고 쓰여 있다.

원래 모든 약은 droog이라는 용어에서 유래된 것으로 건초(dry herb)라는 뜻이 담겨 있다. 약의 원래 본성은 풀잎에서 왔다. 그런데 그 약리작용과 화학구조가 유사해서 진통제만 해도 식물 성분에 있는 '천연 아편알카로이드'와 '합성 아편유사약'으로 구분되는데, 습관성과 의존성, 탐닉성을 지녀 금단증상이라는 심각한 상태는 동일하게 나타난다. 이것만 봐도 약은 원래 쓰임의 목적인 질병을 예방, 유지, 치료와 함께 부작용이라는 얼굴도 가지고 있다.

최근 우리가 사용하는 약만 해도 해열진통제, 소화제, 수면제, 항생제, 신경안정제, 항우울제, 호르몬제, 비타민제 등 수만 가지가 된다. 이 약들은 대체로 우리들의 입을 통과하는 경구투여용 제제가 많은데, 대개 우리 생체 내의 간에서 대사되고 24시간~74시간까지 그 약효가 지속된다. 문제는 습관적으로 사용하면 부작용으로 간의 기능을 떨어뜨려 결국에는 몸을 더 해칠 수 있다는 것이다.

따라서 우리 몸을 건강하게 유지하려면 약에 의존하기보다는 외부의 병에 대처할 수 있도록 내 몸의 면역력을 키워야 한다. 또한 내 몸을 깨끗하게 정비해 스스로 병균의 숙주가 되지 않도록 만들어야 한다. 이러한 셀프 힐링은 병에 걸렸을 때 약에 의존해왔던 것보다 훨씬 강하고, 빠른 치유를 가져올 수 있다. 그렇다고 약을 무조건 쓰지 말라는 것은 아니다. 필요할 때는 약을 써야겠지만,

궁극적으로는 내 몸 자체를 강력한 면역력을 지닌 전사로 만들어야 한다는 것이다.

## 스트레스는 만병의 근원

스트레스란 몸에 해로운 정신적·육체적 자극이 가해졌을 때 나타나는 생체(生體) 반응을 말한다. 스트레스는 모든 정신적·육체적인 병의 근원일 뿐만 아니라, 현대를 사는 모든 이들에게는 달갑지 않은 손님이기도 하다.

현대사회에 들어 사회가 복잡하고 인간관계가 다양하다 보니 스트레스가 크게 증가했다. 더구나 장기화된 불황으로 인해 일상생활에서조차 경쟁에 시달리다 보니 대부분의 사람들이 스트레스에 시달리고 있다. 하지만 최근 불어 닥친 '웰빙' 열풍으로 인해 스트레스 해소 방법에 대한 관심도 높아지고 있다. 스트레스가 만병의 근원이라는 인식 때문에 많은 사람들은 건강한 삶을 위해 스트레스를 해소하는 것을 본격적으로 고민하기 시작한 것이다.

스트레스를 해소하기 위해서는 일단 그에 대한 올바른 인식과 이해가 전제되어야 한다. 사람들이 느끼는 스트레스는 환경의 변화, 신체의 변화, 마음의 변화 등이 원인이다. 그렇게 본다면 살아가는 과정이 모두 스트레스의 연속이라고 할 수 있다. 하지만 적당량의 스트레스는 생명을 유지하기 위해 없어서는 안 될 귀중한 활력으로 작용한다. 물론 그 정도가 너무 커서 감당할 수 없을 때에는 정신적 충격으로 작용하거나 병을 유발할 수 있다. 또한 같은 스트레스라도 받아들이는 사람에 따라 좋은 방향으로 작용할 수도 있고, 나쁜 방향으로 작용할 수도 있다. 따라서 스트레스를 원천적으로 분쇄하거나 완전히 해소하려고 하지 말고, 그에 적응해 가면서 활력으로 삼는 것이 좋다.

삶이 지속되는 한 우리의 욕구와 생각 그리고 행동은 끊임없이 생산되고 상호작용한다. 욕구가 변화하면 생각과 행동도 변화하고, 생각이 변화하면 욕구와 행동이 변화하며, 행동이 변화하면 욕구와 생각도 변한다. 이 세 가지는 우리 자신에 의해서 지배되고 통제된다. 따라서 스트레스를 어떻게 다스리느냐에 따라 삶의 질이 달라질 수 있다. 그렇다면 스트레스를 해소하는 방법으로는 어떤 것이 있을까? 다음과 같은 방법이 있다.

• 스트레스의 원인을 말로 해보자

자신의 욕구나 감정이 억눌려 발생한 스트레스의 경우에는 자신의 감정을 말로 표현해 해결해야 한다. 예를 들어 인간관계에서 불편한 관계가 생기거나 자신이 하고자 하는 일을 억압받게 되면 스트레스가 생기는데, 이때 상대방에게 무작정 화를 낸다면 일시적으로는 해소될지 모르지만, 미안한 감정이 생겨 또 스트레스를 받게 된다. 이런 경우 적절한 시기에 상대방에게 자신의 감정을 차근차근 얘기한다면 스트레스가 감소하게 된다.

• 다른 일에 신경을 분산시키거나 전환시킨다

미래의 불안으로 인해 생기는 스트레스가 있다. 이러한 스트레스는 미래에 대한 강박관념으로 인해 생기는 것이다. 이러한 스트레스를 해소하려면 먼저 그 원인이나 결과를 단순히 잊으면 되는지 생각해 볼 필요가 있다. 만약 잊기만 해도 스트레스가 해결된다면 영화를 보거나, 음악을 듣거나, 드라이브를 하면서 주의를 분산시키거나 전환시킨다.

## • 문제를 최대한 빨리 해결한다

스트레스를 유발시킨 문제가 단순히 잊기만 해서 해결되는 일이 아니라면 그 원인을 제거해야 한다. 이런 스트레스를 해소하기 위해서는 최선의 노력을 다하여 문제를 해결해야 한다. 가령, 매일 어쩔 수 없이 봐야 하는 사람들과의 마찰로 인한 스트레스라면 손을 놓고 있기보다는 지금 당장 전화를 걸거나 찾아가서 문제를 해결하는 것이 최선이다. 이런 스트레스는 빨리 해결할수록 좋다.


## • 명상이나 이완, 신체운동을 한다

특별한 이유 없이 일상에서 받은 스트레스가 있다. 사람은 스트레스를 받으면 심신이 각성되어 몸과 마음이 흥분되기도 한다. 불안하지도 않지만, 마음이 편하지도 않는 상태로 조금 흥분되거나 짜증이 나는 경우도 있다. 이런 스트레스는 땀을 흘리면서 운동을 하거나 편안하게 누워 있거나 앉아서 명상하는 방법이 효과적이다. 신체가 이완되면 마음도 자연스레 이완되기 때문에 명상을 하면서 신체를 이완시키면 흥분된 마음도 자연히 가라앉는다.

## • 항상 긍정적으로 생각한다

　특별히 외부의 영향이나 자극이 없어도 자신의 부정적인 사고방식 때문에 스트레스가 쌓이는 경우도 있다. 남들은 그렇게 생각하지 않는데도 자기 스스로에게 문제가 있다고 생각하는 경우가 대표적이다. 또한 어떤 문제가 생기면 자기가 못나서 그렇다고 생각하거나, 자신을 음해하려는 사람 때문이라고 생각하는 것도 여기에 포함된다. 이런 스트레스는 긍정적인 사고방식이 중요하다. 모든 일이 잘될 것이라고 생각하고, 모든 사람이 나를 좋아한다고 생각하는 것이 습관화되면 스트레스는 해소되며 모든 문제도 자동적으로 해결된다.

# 행복해야 인생이다

1쇄 인쇄 | 2018년 8월 20일
1쇄 발행 | 2018년 8월 25일

지은이 | 이주일
펴낸이 | 김진성
펴낸곳 | 호이테북스

편   집 | 허 강
디자인 | 장재승
관자리 | 정보해

출판등록 | 2005년 2월 21일 제2016-000006호
주 소 | 경기도 수원시 장안구 팔달로 37번길 37, 303(영화동)
전   화 | 02-323-4421
팩   스 | 02-323-7753
홈페이지 | www.heute.co.kr
이메일 | kjs9653@hotmail.com

ⓒ 이주일, 2018
값 13,500원
ISBN 978-89-93132-64-9  03320